트렌드 토픽 20가지로

현재 -

트렌드 2022

글| 트렌드 연구소

위기와의 공존에서 승리를 선점하라!

셀프 거버넌스 Self Governence 세대의 확장

나의 of me, 나에 의한 by me, 나를 위한 for me

셀프 폴리틱스 Self Politics 소비자 시대

Dotori

트렌드 토픽 20가지로 통찰하는

현재-미래 트렌드 2022

초판인쇄	2021년 10월 20일
초판발행	2021년 10월 30일
저자	이영호 (트렌드연구소)
펴낸이	Ian K
책임편집	정윤정
펴낸곳	도토리
주소	서울특별시 강서구 마곡서로 56 SB타워 3차 906호
전화	02-929-4547
팩스	02-929-4548
메일	dotorimedia@naver.com
블로그	blog.naver.com/dotorimedia

ISBN 979-11-91733-08-2 13300

※ 값은 뒷표지에 있습니다.

※ 잘못된 책은 구입하신 곳에서 바꾸어 드립니다.

트렌드 토픽 20가지로 통찰하는

현재 - 미래

트렌드

2022

서문

트렌드(Trend)는 '유행하는 것' 또는 '새롭게 주류가 된 것'이라고 말할 수 있습니다. 그래서 사람들은 트렌드를 찾고, 트렌드를 원하며, 트렌드를 이용하고자 합니다.

조금 더 말씀드린다면
트렌드(Trend)는 기술, 문화, 정치, 경제, 소득, 기업, 여행 등 장르와 지역과 대상을 불문하여 특정 시대를 관통하는 주류(Main Stream)라고 말할 수 있습니다.

가령, 정보기술 분야의 트렌드가 생성되어 자동차, 컴퓨터, 과학, 건축 등 각 분야로 파급되고 접목되듯이 트렌드가 트렌드 그 자체로 고착되는 것이 아니라 각 분야로 파급되고 확산되어 전체적으로 주류의 형태를 이루기 때문입니다.

또한, 트렌드(Trend)는 특정 개인이나 유명한 스타, 인플루언서 등이 만드는 것이 아니라 대중의 공감에 의해 공유되어 정신적인 관념이 표출되는 형태(形態)이자 형식(形式)이라고 말할 수 있습니다. '수요'와 '공급'으로 비유하자면 트렌드에 맞춰 공급한다는 것은 수요 트렌드가 있다는 것이고 그러한 트렌드는 사회 전반을 관통하는 주류에 의해 형성된 욕구에 의한 것이기 때문입니다.

그러므로 트렌드(Trend)란 특정 시대를 관통하는 주류에 의해 생성된 대중의 소비 욕구를 의미한다고 할 수 있습니다.

트렌드(Trend)는 '만드는 자'와 '소비하는 자'가 있습니다.

말하자면, 대중의 삶 속에서 우연히 형성되어 저절로 유행이 되는 것이 아닙니다. 만드는 사람이 있고, 소비하는 사람이 있고 전파하는 사람이 있습니다. 이 과정에서 트렌드 메이커(maker), 트렌드 세터(setter), 트렌드 유저(user)로 역할을 구분 지을 수 있습니다. 다시 말해서, '트렌드'란 '만드는 사람', '소비하는 사람', '공유하는 사람'이 있다는 의미입니다.

트렌드(Trend)는 주기적으로 등장하고 사라집니다.

그 주기는 연간 또는 월간, 또는 주간, 때로는 '일간'이나 '순간'이 될 수도 있습니다. 다시 말해서, 반짝인기에 그치느냐, 꽤 오래 유지되느냐, 한 해를 풍미하여 지속되느냐 라고도 부를 수 있습니다. 그런 의미에서 트렌드는 유행이라는 의미로 사용될 수 있다고 보는 게 바람직할 것입니다.

2022년의 트렌드 "셀프 폴리틱스 & 셀프 거버넌스"

해마다 연말 즈음엔 다음 해의 트렌드를 제시하는 책들이 나옵니다. 한해의 동향을 조사하고 연구해서 다음 해의 트렌드를 예측하고 전망합니다. 이 트렌드에는 정치, 경제, 문화, 의식주 등 트렌드 예측을 위한 여러 가지 자료와 판단 이론들이 인용됩니다.

그래서 트렌드 전망을 제대로 다루어 심도 깊은 책이 있는 반면, 그 외에 일부 책들에서 제시하는 대부분의 '트렌드 예측'은 사람들의 일반적인 전망과 크게 벗어나지 않습니다. 워낙 많은 자료들을 뭉뚱그려 포괄적인 키워드로 제시하는 덕분이고, 무분별한 짜깁기 내용으로 구성되어 그 범주를 벗어나는 트렌드는 찾아보기 힘들 지경이기 때문입니다.

그래서 트렌드인데 트렌드로 인정받지 못한다?

고개를 갸우뚱하게 만드는 아이러니한 상황이 생깁니다. 하지만 다수의 사람들이 혹하기 쉬운 상황이 되기에 '트렌드 역차별' 현상이 생기기도 합니다.

예를 들어, 맛집에도 원조가 있고 짝퉁이 있듯이 제대로 된 전통 깊은 트렌드 도서가 있는 반면에 우후죽순 식으로 만들어낸 도서들이 판을 치는 상황이 지속되는 경우, 진짜 트렌드가 트렌드로 대접받지 못하는 상황이 생길 수 있습니다. 일명, '트렌드 쇠퇴화' 현상이라고 부를 수 있겠습니다. 트렌드계의 짝퉁흐름이 주류로 오인될 수 있는 우려가 생기는 셈이죠.

그래서 이 책은 필진이 트렌드 관련 연구를 시작한 2012년부터 2022년 기준으로 근 10년만에 선보이는 트렌드 책으로서 전통 깊은 트렌드 도서에 발맞추고자 현장 중심 트렌드 취재를 바탕으로 내용을 구성한 이유이기도 합니다.

그런데 이러한 맹점을 차치하고서, 트렌드 예측에서 거시경제와 미시경제 논의도 차치하고, '트렌드' 그 자체만큼 우리들의 삶을 미리 규정짓는 것도 드물다고 할 것입니다.

예를 들어, 패션 트렌드는 3년 앞의 트렌드를 다루기에 그렇습니다. 3년 후에 우리가 입어야 할 패션 트렌드를 누군가 미리 규정지어 놓는다는 것? 모골이 송연해지는 섬짓함이 생기지 않으십니까? 아니, 내 옷을 내가 입고 싶은 대로 입는 게 아니라 누군가 정해준 트렌드에 맞춰 그 안에서 입어야 한다니요?

가령, 2022년의 패션 트렌드는 2019년에 이미 제시된 것입니다. 패션 분야에서만큼은 그렇습니다.

말씀드리면, 2022년의 패션 트렌드를 2019년에 제시해야 하는 이유는 패션계의 루틴(routine) 때문인 이유도 있습니다. 2019년에 2022년의 패션 트렌드를 제시해야 2020년에 원단을 준비하고 2021년에 디자인과 패션 아이템을 생산해서 2022년에 출시할 수 있어서입니다. 패션계의 사이클이 있다면 3년 주기로 이뤄지는 것입니다.

그래서 2021년에 제시하는 2022년 트렌드 분석이라고 할지라도 그 트렌드의 일정 부분은 2019년에 제시된 2022년의 패션 트렌드 예측에서 인용된 바가 없다고 할 수는 없는 것입니다.

이러한 관점에서 이 책의 필진은 2019년에 선보인 2022년의 트렌드 조짐(?)에 대해 더욱 자세하게 구체적으로 핵심을 짚어 이야기하고자 합니다. 올해에 내놓는 내년의 트렌드 이야기일지라도 그 트렌드 예측은 3년 전부터 시작되었던 것임을 말씀드리려는 것입니다.

그래서 트렌드에 대해 다루는 이 글의 1차 주제는 2022년의 선거와 함께 등장하는 '셀프 폴리틱스'입니다.

청년들이 공무원시험 응시에 몰리는 요즘 추세라면 십수 년 후에 그들이 궁극적으로 목표 삼을 곳이 '정치'이기 때문이고, 다수 국민들에게 2022년은 그 어느 때보다 정치에 관심을 갖고 참여를 망설이지 않을 시즌이기 때문입니다. 2017년 유례없는 대통령 탄핵 이후 치러진 대통령 선거, 그리고 다시 찾아온 2022년 대통령 선거를 앞두고 국민 대다수가 정치에 시선을 두는 시대이므로 대한민국의 미래 먹거리는 정치에 관심갖는 국민들로부터 제시되리라 보는 이유이기도 합니다.

더불어 2022년 중국에서는 베이징 동계올림픽(2.4~20), 항저우 아시안게임(9.10~25)이 예정되어 있으며, 카타르에서는 월드컵(11.21~12.18)이 예정되어 있습니다, 이와 관련, 응원전으로 지구촌을 뜨겁게 달굴 카타르 월드컵 지역 예선은 2021년 9월 2일부터 2022년 3월 29일로 예정되어 있습니다. 바야흐로 '승부'와 '대결'에 세계의 시선이 모이는 한 해(Year)인 것이죠.

그래서 「현재-미래 트렌드 2022 : 트렌드 토픽 20가지로 통찰하는 현재-미래 트렌드(이하 '트렌드 2022')」에서는 위기와의 공존에서 승리를 선점하라는 의미로 "Respect Myself & Do To the Victory('나'를 존중하고 당당히 겨뤄 승리하라!)"는 **"셀프 폴리틱스 & 셀프 거버넌스"**를 선정했습니다.

'코로나 팬데믹'을 넘어 이제는 '위드 코로나' 시대, 중요한 건 '나'를 존중하고 승리를 경험하는 자존감 회복이기 때문입니다. 스포츠에서 경쟁자와 승부를 겨루듯 비즈니스에서도 경쟁자는 어디에도 있습니다. 그래서 비즈니스는 경쟁자와의 공존이라고도 할 수 있습니다.

지난 2019년부터 2021년 코로나 팬데믹 상황이 위기였다면 이제는 위드 코로나로 공존해야 하는 시대가 되었습니다. 2022년에 올림픽, 아시안게임, 월드컵에서 경쟁자를 이기고 '승리'하는 것처럼 2022년은 경쟁자와의 공존해서 승리를 선점하는 기업이 승리할 것입니다. 여기에 무엇보다 우선되어야 하는 게 자존감 회복입니다.

다시 말해서, 그 어느 때보다도 복잡한 국제정세, 국가간 경쟁, 코로나 팬데믹 사태로 인한 글로벌 경제상황의 위기를 넘어 위드 코로나 시대의 시작 등, 승리하는 '나'로부터 시작하는 앞으로의 5년이야말로 미래의 50년을 결정지을 수 있다는 점입니다.

그런데 의·식·주를 포함하여 국민의 삶을 결정짓는 것은 비단 '정치'나 '스포츠대회'뿐만이 아니라고 할 것입니다. 정치인들의 일거수일투족이 실시간으로 인터넷을 통해 국민들에게 전해지는 시대에서는 국민들의 정치 의사 표현과 정치 참여가 획기적으로 도드라질 것이고 스포츠시합에서 배우는 페어플레이 정신이 투영되면서 점진적으로 정치도 투명해지고 경제도 투명해질 것이기 때문입니다. 사회에 불공정이 사라지고 공정한 방법에 의한 공평한 기회가 보장되는 시대가 되어가는 과정을 거치고 있다고 보는 이유입니다.

또한, 2022년엔 앞서 알아본 여러 이벤트들로 인하여 그 어느 때보다도 플랫폼 기업들의 성장세가 두드러질 것으로 전망되는 바입니다. 음식배달플랫폼, 쇼핑플랫폼, 티켓플랫폼, 동영상플랫폼, 구인구직플랫폼, 숙박업소플랫폼 등이 있습니다. 여기에 2021년 하반기에 등장한 출판유통플랫폼까지, 바야흐로 사람들의 모든 일상이 플랫폼화되어 가는 시대, 플랫폼에 종속되는 시대가 펼쳐진다고 해도 과언이 아니라서 그렇습니다.

그 이유는 '1인 가구' 확산에 힘 얻는 현상이라고 볼 수 있는 것으로 600만 이상의 가구가 1인 가구라고 가정한다면 앞으로 플랫폼의 성장세는 더욱 증가할 것으로 보입니다.

구조상 '1인 가구'는 대가족 단위에서 벗어나 있는 것이고 '삶의 통제권'을 온전히 자기 주도하에 결정한다는 점에서 눈여겨봐야 하기 때문입니다. 대가족에서 소가족, 핵가족을 거쳐 1인 가구가 된 시대, 삶의 통제권을 스스로 부여하는 시대, 일명 '셀프 거버넌스'의 고착화가 되어가는 것이기 때문입니다. 그 정점이 2022년이 되는 것이고 2022년 대선 이벤트와 곁들여 핵심 키워드를 한 단어로 규정 짓는다면 '셀프 거버넌스'가 되어야 하는 이유입니다.

"셀프 폴리틱스, 셀프 거버넌스"

그래서 2019년경부터 자료들을 집대성하고 선별 취합한 2022년 트렌드 예측으로서 대통령 선거라는 국가적 이벤트와 국제 스포츠대회, 코로나 팬데믹 사태와 더불어 재택근무로 인한 사람들의 거주지 정착, 인터넷 플랫폼의 성장 등을 총망라하여 2022년의 사람들의 삶 자체를 정의할 수 있는 핵심 키워드로 선정했습니다.

2022년은 '나의, 나에 의한, 나를 위한'이라는 캐치프레이즈를 필두로 1인 가구의 증가, 반려동물 세대의 증가, 국제스포츠대회, 선거 이벤트와 함께 청년들의 정치 이슈 참여가 늘어나는 등, 모든 상황을 통합적으로 한묶음으로 두어 경제활동에 있어서 기업경영과 소비자 주권을 통찰할 때에 '셀프 폴리틱스 & 셀프 거버넌스'라고 부를 수 있는 것입니다.

「트렌드 2022」 선정 "20 Topics"

「트렌드 2022」가 선정한 '트렌드 토픽 20'입니다.

'트렌드 토픽'이란 해당 연도에 선정된 트렌드로서 핵심 키워드를 이루어 나아가는 핵심 엘리먼트(Element)를 의미합니다. 새로운 신조어가 아닌, 과년도부터 성장해온 핵심 용어를 가리킵니다. 그래서 일부 간과하던 개념이 다시금 부각될 수 있을 것이고 포괄적 개념에서 집중화된 개념으로 전문화가 될 수도 있습니다. 물이 흐를 때 들고 남(In and Out)이 있어 물길이 좁아졌다가 커지듯이 트렌드가 확산·전파되는 것처럼 트렌드 토픽도 개념의 확산이 이뤄지기 때문입니다.

2022년 트렌드 토픽의 시작은 국민적 정치 참여를 불러오며 부흥하게 될 '셀프 폴리틱스(Self Politics)'로 정했습니다. 1인 가구의 증가와 인터넷 커뮤니티의 확산으로 인한 정치 참여가 본격적으로 할발하게 되는 시대, 내가 원하는 것을 나의 소유로, 나에 의해서 추구한다는 소비자 주권으로서의 '셀프 거버넌스'와 함께 '셀프 폴리틱스'는 인터넷 위주의 활발한 정치 참여 시대처럼 경제활동의 주권을 스스로의 가치관에 따라 결정한다는 의미입니다.

[셀프 폴리틱스]에는 여론 형성의 일역을 담당해 나아갈 '익명게시판(Anonymous Forum)'과 가상의 현실 세계에서 또 다른 나를 만드는 '메타버스(MetaVerse)', 기후변화로 인한 환경 문제가 더욱 부각되는 'ESG(Environment·Social·Governance)', 경기 침체와 환경 문제에 따른 재활용 의식을 일깨우는 합리적 소비의 '중고마켓(Used Market)', 지구를 탈출하는 소비자들과 본격 우주여행 시대를 열어가는 '우주여행(Space Tour)', 사람들의 일상을 지배해가는 '플랫폼(Platform)', 정치적 여론 형성의 주춧돌로 성장해나가는 '커뮤니티 팬덤(Community Fandom)', 가상세계로 옮겨간 뛰어넘을 수 없는 격차 이야기 '가상초격차(Virture Super Gap)', 일상과 가상의 혼합 시대를 열어가는 '가상현실(Virture Reality)', 가상세계에서 펼쳐지는 리더십 '대규모 다중사용자 온라인 롤플레잉 게임(Massively Multiplayer Online Role Playing Game)'은 셀프 폴리틱스 시대에 맞춰 2022년의 트렌드를 소개합니다.

또한, 1인 가구 확산 시대에 자기가 주도하는 삶에 경제 논리가 접목되면서 셀프 거버넌스 (Self Governence) 시대가 본격적으로 열리게 되는 바, 2022년 트렌드에서 이야기하는 10가지 트렌드 토픽을 다루고자 합니다.

내가 원하는 것을 나의 소유로, 나에 의해서 추구하는 [셀프 거버넌스]는 실물경제 가치저장 수단으로 활동영역을 넓히려는 '가상화폐(Virture/Crypto Currency)', 인간의 창작영역까지 점령한 상태의 '인공지능(A.I.)', 인터넷 SNS에서 많은 팔로워를 이끌며 영향력을 넓혀가는 또 다른 '인플루언서(Influencer)', 우리 집 가전제품이랑 대화하는 시대를 열어가는 '사물인터넷(Internet of Things)', 연기자 및 가수도 이제는 컴퓨터가 대신하는 '가상 인간(Virture Human)', 코로나 사태로 인해 지구촌 전염병 공포를 불러일으킨 ‘팬데믹(Pandemic)’, 사람과 사람 관계에 또 다른 이정표를 만드는 ‘사회적 거리두기(Social distancing)’, 존중인가? 우대인가? 기업경영 트렌드의 변화를 부른 ‘페미니즘(Feminism)’, 손안에 영화관, 수익모델은 1인 방송의 혁신 ‘OTT(Over-the-top media service)’ 그리고 부동산 폭등으로 인해 계층 간 사다리가 사라진 세대의 ‘미래 상실에 대한 보복투자(Anti-Investment)’는 셀프 거버넌스에 맞춰 2022년 트렌드를 소개합니다.

2022년 트렌드 : 셀프 폴리틱스와 셀프 거버넌스

이 책은 기술혁신이나 新 문물의 등장에 대해 이야기하기보다는 당해 연도에 이르기까지 사람들이 경험한(또는 간과한) 기술과 사회적 변화들이 어떻게 변화하여 주류가 될 것인가?에 대해 이야기하면서 시대를 통찰하는 트렌드를 도출합니다.

의식주+문화를 아우르는 일상의 변화를 담고 있는 ’트렌드‘로서 첫걸음을 내딛는 2022년에 대해 ’셀프 폴리틱스’와 ‘셀프 거버넌스’를 핵심 키워드로 선정하여 우리들이 익히 알고 있고 경험했다고 생각되는 것들이 어떻게 변화할 것인지 2022년 전망을 이야기하고자 합니다. 이 책에서 신조어가 아닌 신주류를 소개하고, 개연성 가정이 아닌 실제 현장 이야기를 담게 된 이유입니다. 그래서 이 책에서는 섣부른 예측이 없고 과거를 되짚는 구태적 논쟁이 없는 반면, 2022년 시점에 맞춰 실시간이면서 동시대적 트렌드 이야기를 담담히 풀어놓고 공론화하여 모든 삶에 도움 될 수 있도록 하고자 할 따름입니다.

'트렌드'란 항상 미래의 것을 준비하는 것이므로 이 책에서도 일정 부분은 다가올 트렌드에 대해 예측하고 대처 방안을 제시합니다. 그 이유는, 코로나19 사태를 그 누구도 예상치 못했던 것은 물론이고 2019년 이후 수년간 지속되는 상황에 대해 새로운 비즈니스가 창출되고 기업경영 환경에 변화가 속속 수정되는 상황을 지켜보며 '트렌드 예측'이란 단순히 과거의 자료들을 과거의 이론에 의해 짜맞추어 예상하는 것을 넘어 새로운 불확실성의 가능성까지 제시하고 미래의 대안을 제시하여야 하기 때문입니다. 이 도서가 여타 트렌드 관련 분야에서 가장 앞선 대안을 담고 있다고 자부하는 이유들 가운데 하나이기도 합니다.

이 책에서 주류로 소개하고 트렌드로 담아낸 각 토픽들의 사회적 역할에 대해 한걸음 더 나아가서 바라는 점이 있다면 세대 간 소통을 돕는 데 일조하기를 바라는 마음이며 계층 간 부(富)의 사다리가 되어 모든 사람들이 부(富)의 풍요를 얻는데 도움 되고자 하는 바람이 있음을 숨기지 않으려고 합니다.

무엇보다도 이 책 「현재-미래 트렌드 2022」는 트렌드 연구소 필진이 현장에서 취재하고 기록한 트렌드 리포트 Trend Report로서 많은 이들에게 다가갈 수 있도록 쉽고 재미있는 이야기로 채웠기 때문입니다. 이 책이 해당연도뿐 아니라 독자들에게 선택받아 오래도록 소장되는 우리 사회의 트렌드 역작이 되기를 소원하고자 합니다.

목차

서문 • 5

Trend :

셀프 폴리틱스 (Self Politics)

익명게시판(Anonymous Forum) 22

ㄴ **여론 형성의 일역을 담당하다**

메타버스(MetaVerse) 32

ㄴ **가상의 현실 세계에서 또 다른 나를 만들다**

ESG(Environment·Social·Governance) 44

ㄴ **기후변화로 인한 환경 문제가 부각되다**

중고마켓(Used Market) 52

ㄴ **환경 문제에 따른 재활용 의식을 일깨우는 합리적 소비**

우주여행(Space Tour) 62

└→ “지구를 탈출하는 소비자들 : Consumers Escaping to the Space”

플랫폼(Platform) 76

└→ **사람들의 일상을 지배하다**

커뮤니티 팬덤(Community Fandom) 86

└→ **정치적 여론 형성의 주춧돌로 성장하다**

가상초격차(Virture Super Gap) 98

└→ **가상세계로 옮겨간 뛰어넘을 수 없는 격차**

가상현실(Virture Reality) 106

└→ **일상과 가상의 혼합 시대를 열어가다**

대규모 다중사용자 온라인 롤 플레잉 게임 118

(Massively Multiplayer Online Role-Playing Game)

└→ **가상세계에서 펼쳐지는 리더십**

Trend :

셀프 거버넌스 (Self Governence)

가상화폐(Virture/Crypto Currency) 128

↳ **실물경제 가치저장 수단으로 활동영역을 확장하라**

인공지능(A.I.) 146

↳ **인간의 창작 영역까지 점령하다**

인플루언서(Influencer) 160

↳ **인터넷에서 영향력을 넓혀가다**

사물인터넷(Internet of Things) 176

↳ **우리집 가전제품이랑 대화하는 시대**

가상 인간(Virture Human) 184

↳ **본캐(Main Character), 부캐(Sub-Character)보다 더 좋은 가캐(Virture Character)**

글로벌 팬데믹(Pandemic) 194

↳ **지구촌 전염병 공포를 불러일으키다**

사회적 거리두기(Social distancing) 204

└→ **사람과 사람 관계에 또 다른 이정표를 만들다**

페미니즘(Feminism) 214

└→ **존중인가? 우대인가? 기업 경영 트렌드의 변화**

OTT(Over-The-Top media service) 222

└→ **손안에 영화관, 수익모델은 1인 방송의 혁신**

보복투자(Anti-Investment) 232

└→ **계층 간 사다리가 사라진 미래 상실에 대한 저항**

에필로그 • 242

부록: 참고문헌 • 248

Trend:

셀프 폴리틱스 Self Politics

2022년 대통령 선거는 모든 국민의 정치 참여를 불러일으켰다고 해도 과언이 아닙니다. 여당과 야당 및 각계각층의 인물들로부터 대통령 선거에 출마하는 선언들이 잇따랐는데 (출마 선언 전·후 시점에 따라) 전직 국무총리, 전직 검찰총장, 전직 감사원장, 경기도지사, 제주도지사, 충남도지사, 전·현직 국회의원, 예비역 준장, 전 인천시장, 모 당의 당협위원장, 전 대한의사협회장 등, 출마 선언하신 분들의 지역과 직위를 살펴보면 전국적이면서도 다양한 인물들이 각자의 지지층을 기반으로 대선 출마를 공식화하며 나섰던 것임을 알게 됩니다.

이러한 대선 출마 선언은 그 유례를 찾아보기 어려울 정도로 다양한 인물들이 등장하게 된 것으로 대한민국 한반도 곳곳에서 지지기반을 얻은(또는 갖춘) 인물들이 출마 선언했다는 점에서 온 국민의 정치 참여라고 볼 수 있다고 해석해도 무방하다고 할 것입니다.

그래서 2022년 트렌드 키워드는 '셀프 폴리틱스'가 되었습니다. 대한민국의 미래를 책임질 지도자의 등장을 바라는 온 국민적 정치 참여 시대가 태동하였다고 볼 것이기 때문입니다.

그렇다면 국민의 정치 참여가 표면화되고 실명(實名)화되는 [셀프 폴리틱스]에서 어떠한 트렌드가 생성되고 발전될까요? 또한, 기업들은 어떤 경영전략으로 대비해야 할까요? 10가지 트렌드 토픽에 의해 짚어보고자 합니다.

Trend:
MAKE
THINGS
HAPPEN

익명게시판(Anonymous Forum)

↳ 여론 형성의 일역을 담당하다

자기 목소리를 내고 싶어하는 사람들이 있습니다.

우리 사회의 각계각층의 대변자 외에 소시민들도 적극적인 의사 개진을 도모합니다. 이러한 의사표출 욕구는 다양한 경로를 통해 대중에게 전파되고 확산되기도 합니다.

현실 세계뿐 아니라 온라인 세상에서도 의사 개진 현상은 더욱 증가합니다.

국민청원이 매 순간 업로드되고 각종 커뮤니티에서 자기 의견을 내세우는 글이 게시됩니다. 인터넷에선 뉴스에 댓글이 달리고 개인 SNS(Social Network Service, 사회관계망서비스)에도 다이렉트 메시지(DM), 댓글, 단체톡방 등을 통해 자기 목소리들이 표출됩니다.

이러한 현상은 각종 단체에서 대표자를 통해 의사가 개진돼오던 것에서 탈피한 것이고, 사람들이 직접 자기 목소리를 낼 수 있는 온라인과 오프라인 경로가 다양해진 것입니다. 바야흐로 자기 목소리 표출 시대라고 해도 과언이 아닙니다.

자기 목소리 표출은 때로 많은 이의 적극 지지와 응원을 받기도 합니다만 간혹 반대의 현상을 초래하기도 합니다. 어떤 이의 글이 부정확한 메시지였거나 타인에 대한 검증 없는 비난의 목소리가 섞여 있기 때문입니다. 게시글에 거론된 사람에 대한 신상정보가 '탈탈' 털려서 대중에게 무차별적으로 공개되어 제2, 제3의 피해가 발생하기도 합니다.

심리학에서는 이러한 의사 결정에 관한 이론으로 '극화현상(Extremity Shift or Polarization)'이 있는데, 어떤 무리에서 의사 결정을 할 때 혼자 결정하는 것보다 더 모험적인 의사 결정을 하게 되고 이러한 현상을 '모험 이행(Risky Shift)'이라고 하며, 또는 무리에서 결정하는 것이 혼자 결정할 때보다 더 보수적인 경우가 있는데, 이런 경우는 '보수 이행(Conservative Shift)'이라고 하며 어느 무리의 의사 결정이 모험 쪽이나 보수 쪽으로 치우치는 현상을 가리키는 것 참고문헌 참고 (이 도서에서는 함께 읽으면 좋은 참고문헌을 소개하고 있습니다)입니다.

다시 말해서, 우리의 의사 결정은 개인적이든, 집단적이던 어느 방향성을 갖게 된다는 의미라고 볼 수 있을 것입니다.

그래서일까요? 자기 목소리 표출에 제동이 걸리기도 합니다. 게시글 작성자들에게 명예훼손 소송이 제기되거나 법적 처벌을 받기도 합니다. 법적 분쟁을 우려한 작성자의 글은 작성자에 의해 스스로 자진 삭제가 이

줘지고 글을 삭제한 후에 해당 사이트를 탈퇴하는 사람들도 생겨났습니다. 자칫하다간 직접 메시지를 내는 흐름이 쇠퇴할 우려도 생겼습니다.

그 결과, 익명게시판에 주목하게 됩니다.

여론 형성에 일역을 담당하는 구조적 흐름이 생기자 익명성에 기댄 자기 목소리 표출은 드디어 본격적으로 확산되기 시작했습니다.

글쓴이를 알 수 없는 게시판.

사람들은 열광하기 시작했습니다. 작성자를 숨겨주고(보호해주고) 오로지 '글'만 내보인다? 공익제보를 하거나 진실을 알리는데 필요한 도구라고 인식되었습니다. '오죽했으면' 익명으로 글을 올리겠는가라며 사회적으로 수용하려는 분위기도 생겨났습니다. 실제로도 많은 공익제보가 익명게시판에서 전파되기도 하였습니다.

일례입니다.

2021년 여름.

모 프랜차이즈 관련, 임직원 가맹점을 본사의 인수 기준에 미치지 못했는데도 본사에서 인수하더라는 내부고발이 익명게시판에서 제기되었습니다. 매출 하락이 예상되는 점포를 본사에서 인수하였는데 해당 업무 결재권자가 가맹점주였다는 고발 내용이 논란이 되었습니다. 특히, 코로나19 감염병 사태로 인한 다른 점포들의 매출 하락도 가시화된 상태에서 특정 점포만 본사에서 여러 혜택(권리금 부담, 잔여 계약기간 무관 등)까지 제공하며 인수한다는 내용은 많은 사람들에게 전파되었고 논란은 더욱 가속화되었습니다.

이번엔 조금 다른 사례를 알아볼까요?

국내 모 식품회사에서 '라면'의 가격을 인상하자 모 소비자단체가 라면값 인상에 대해 비판을 제기했습니다. 그런데 이 사실을 알게 된 사람들이 해당 소비자단체 웹사이트에 몰려가 항의 글을 올리기 시작했습니다. 다수는 식품회사의 결정을 옹호하는 반면, 그 소비자단체를 비난하는 내용이었는데, 자세한 내용은 이렇습니다.

2021. 7. 27.

그 식품회사는 2021. 8. 1.자로 주요 라면 제품의 가격을 최대 12.6% 인상한다고 발표합니다. 그 이유로는 밀가루와 팜유 같은 원자재 가격 인상 및 인건비 상승으로 인하여 불가피한 결정이었다고 밝히며 가격 인상분으로 설비 투자 및 인원 충원을 하여 좋은 품질의 상품을 개발하고 생산하겠다고 말했습니다.

그러자 모 소비자단체에서는 원재료 가격 비교와 해당 식품회사의 실적을 비교하며 가격 인상 결정을 재검토해달라는 의견을 냈는데, 이 소식을 들은 사람들이 단체 홈페이지에 방문해서 소비자 게시판에 가격 인상 결정을 옹호하는 글을 다수 게시하는 일이 생겼습니다. 다수의 글들은 작성자를 확인할 수 없는 닉네임을 사용하여서 익명으로 게시된 글들이었던 것이죠.

사례를 한 가지 더 추가합니다.

모 지역 보건소에서는 코로나19 사태로 인한 선별진료소 야간 연장 운영에 대해 해당 지역 지자체 공무원들의 지원 요청 글을 올렸는데, 해당 지자체의 내부 익명게시판에서는 보건소를 비난하는 글들이 다수 올라왔습니다. 휴가철인데 도와달라고 하느냐는 내용을 포함하여 기간제 직원에게 시키라는 등 공직자들의 내부 익명게시판에서 벌어진 상황이라고 보기에 다수 국민들로서는 이해하기 힘든 내용들이 주를 이뤘던 것이죠.

이처럼 익명게시판에 글을 작성하는 사람들은 공적 업무 또는 사적 활동에 이르기까지 분야를 가리지 않고 자기 목소리를 내는데 거리낌이 없습니다. 작성자가 누군지 알 수 없는 익명게시판이라는 점을 특혜로 삼아 자신을 드러내지 않은 채 타인의 주장에 대해 비난하고 비판하는 것이죠.

다시 말해서, 현실에선 서로 알고 지내고 인사하고 친하게 지낸 사람들일지라도 익명게시판에서 만큼은 가면을 벗어던진 채 자기 욕구대로 분노를 글로 표출하는 경우들이 생겨난다는 것입니다. 이러한 익명게시판의 등장과 확산은 기업체, 협회, 공무원조직 등, 분야를 가리지 않고 널리 퍼졌다는 게 현실인데, 지성의 요람인 대학생들 사이에서도 익명게시판의 권력(?)이 강력히 사용되는 것을 알 수 있습니다.

'에브리타임(www.everytime.kr)'을 아십니까?
'에타'는 '에브리타임'
에브리타임을 줄여서 에타라고 부르고, 대학생들이 스마트폰에서 사용하는 어플리케이션(앱) 이름입니다. 대학생들이 주로 이용하는 익명게시판이라고 할 수 있죠. 에타는 학교 인증을 거친 후에 대학생들이 게시판을 만들어 사용하는 방식인데 수업 일정을 관리하거나 학교 정보 공유 등의 다양한 기능들을 사용할 수 있습니다.

대학생들에게 에타가 있다면 직장인들에게는 '대나무숲'이 있습니다.

대나무숲(www.bamboofo.rest)은 자신의 트위터 계정으로 접속해서 이야기를 주고받는 곳인데, '옆 대나무숲'이란 곳에서는 하나의 대나무숲 계정으로 비밀번호를 공유해서 익명게시판 형태로 사용하는 것입니다.

하나의 트위터 계정인데 글 쓴 사람은 누구인지 모르는 것이죠. 하나의 트위터 계정에서 여러 사람이 이야기를 쓰는 방식입니다. 가령, 트위터 계정을 하나 만들고 비밀번호를 다른 사람들과 공유하는 것입니다. 주로 직장인들의 애환을 담는(?) 곳으로 사용되면서 직장 이름에 붙여 'ㅇㅇㅇ 옆 대나무 숲'이란 형태로 계정이 생성됩니다.

익명게시판의 등장과 확장성은 어떻게 이뤄지는가?

'익명게시판'은 글자 그대로 '글 작성자가 누군지 모르는 게시판'입니다. 하지만 엄밀하게 따지자면 완전한 익명은 아니라고 할 것입니다. 인터넷상에 글을 작성하는 컴퓨터IP주소가 기록되기 때문입니다. 대략적이나마 그 글을 작성한 지역이 어디쯤이라는 것을 알 수 있는 것이죠. 글이 올라온 시간과 글을 작성한 IP주소를 조회해보고 문장의 특성을 살펴보면 대강이나마 어떤 교육 수준의 사람이 언제 어느 지역에서 글을 썼다는 정도는 파악할 수 있습니다.

그런데 이러한 익명게시판은 사실 그 존재 가치가 있습니다. 태생 자체가 필연적이라고도 볼 수 있습니다. 말은 해야겠는데 자기를 드러내면 불이익이 있을 수 있다면? 자신의 정체는 숨기더라도 반드시 해야 할 이야기가 있다면? 익명게시판이 필요한 것이죠.

하지만 앞서 언급했듯이 익명게시판으로 인해 허위 정보가 게시되는 경우 그 피해는 복구되기가 어렵다는 단점도 있습니다. 기업 입장에서는 더욱 그렇죠. 기업을 비방하는 글을 누군가 익명게시판에 썼는데 그 내용이 허위로 밝혀지더라도 나중에 누구에게 배상을 청구할 수 있을지는 불가능에 가깝기 때문입니다.

그래서 기업체들마다 익명게시판을 관리하는 데 힘을 쏟기도 합니다. 누군가 우리 회사에 대해 악성 주장을 한다면 게시판 관리자에게 민원을 제기하고 그 글을 블라인드 처리하는 방법도 있습니다. 각 기업에서는 이러한 업무를 담당하는 조직이 따로 마련되어 있기도 하고요.

이 같은 익명게시판은 온라인상에서 소통에 익숙한 젊은 연령층이 주로 사용한다고 볼 수 있는데, 이들이 원하는 것은 자신이 가진 불만을 타인과 공유하거나 어떤 일에 대해 사람들과 공동 행동을 촉구하기 위한 목적이 있는 모습을 보이기도 합니다. 제일 앞에 나서서 주장하진 못하지만 우선은 익명게시판에서 의견을 모으고 공동 행동에 나설 수 있는지 사전에 조사를 한다는 차원이기도 하죠.

익명게시판의 사회화?라고도 부를 수 있습니다.

'암중모색(暗中摸索)'이 되겠습니다. 칠흑같이 어두운 밤에 더듬어 (방법을) 찾는다는 점에서 자기 혼자 힘으로는 불가하다는 점을 알고 익명게시판에서 해결책을 찾는다는 점에 비유하자면 그렇다는 의미입니다.

이처럼 익명게시판 안에서 사회 구성원들이 불만을 공유하고 해결책을 공동으로 모색하자는 움직임, 이러한 사회활동은 개인의 정치 참여를 불러일으키는데 단초가 되고 저마다의 정치 참여에 대한 가치를 느끼게 해줍니다.

혼자서는 안 되는데 모이니까 되네?
나와 같은 뜻을 가진 사람들이 있네?
나만 이런 생각을 하는 게 아니었어?

자기 존재를 감추고 사회에 참여하는 사람들이 늘어나고 목소리를 내고 싶은 사람들이 늘어나는 시대에 익명게시판이 해내는 역할은 여론 형성, 그 자체를 넘어 정치의 방향까지 바꿔주는 거대한 힘을 가졌다고 할 것입니다.

예전엔 각 대학가에 나붙은 '대자보'란 게 있었다면 이제는 온라인 세상에서 자기를 드러내지 않고도 세상과 소통하는 방법을 찾아낸 것이라고 볼 수 있는 것입니다. 또한, 댓글의 힘을 누구보다도 아는 인터넷 세대에서 한 줄의 댓글이 영향력이 될 수 있음을 알기에 익명게시판에 글을 올리고 저마다 의견을 댓글로 달면서 익명인들의 자기 목소리 내기가 세력을 더해가는 것입니다.

그래서 2022년은 익명게시판의 활약세가 더욱 중요시되고 거대해질 것입니다.

5년마다 도래하는 대통령 선거에서 각 정당이 국민 여론을 다른 때보다 더욱 살피는 시기, 개인의 의견이 공유되고 공감을 불러일으켜 거대한 여론이 될 수 있는 시기이기 때문입니다. 특히 기업체에 대한 익명 글은 그 기업의 생사여탈권까지 쥐고 있다고 해도 과언이 아닌 시대입니다. 여론 형성이 급속도로 진행될 수 있고 파급효과가 커진 시대에선 더욱 그렇죠. 각 기업에서는 익명게시판에 업로드되는 개개인의 의견 표출에 대해 기업경영에 적극적으로 판단해야 하는 시대입니다.

Trend:

메타버스(MetaVerse)

└→ 가상의 현실 세계에서 또 다른 나를 만들다

서울에 있는 대통령 선거 출마자를 제주도에서 거주하는 제주도민이 제주도에서 만납니다. 실시간 만남입니다. 제주도에서 서울로 갈 필요가 없습니다. 서울에서 제주도로 내려올 필요도 없습니다. 서로 얼굴 보고 인사하고 이야기합니다.

화상회의냐고요? 아닙니다.
영상통화냐고요? 아닙니다.
인터넷 채팅은 더더욱 아닙니다. 카카오톡 메시지도 아닙니다.

더 알아볼까요?

서울과 뉴욕에서도 실시간으로 만납니다. 어느 나라에 있어도 서로 만나서 대화하고 심지어 같이 일할 수 있습니다. 업무는 이메일 또는 실시간 파일 전송으로 주고받습니다.

서류 문서?

동영상 자료?

프리젠테이션 발표?

모든 게 실시간으로 이뤄집니다. 심지어 선거 출마자와 제주도민이 어깨동무도 하고, 얼굴 마주 보고 앉아서 대화도 하고, 쇼핑도 같이 할 수 있습니다. 셀카 촬영도 합니다. 서로 어울려 춤도 추고 번호교환도 합니다. 이 모든 일들이 가능하게 된 건 '메타버스'입니다.

서울에 멀쩡히 있던 회사 사무실이 사라졌습니다.

회사가 망했냐고요?

아닙니다.

회사는 작년보다도 더 매출이 오르고 직원들도 더 채용했습니다. 그런데 회사 주소지에 있던 사무실은 없습니다. 사무실은 없는데 직원들은 있습니다. 이게 도대체 어찌 된 영문일까요? 심지어 직원들이 모여 아침 회의를 하고 각자 자리에 앉아 근무합니다.

더 놀라운 것은 이 회사에 거래처에서 손님이 찾아옵니다. 그것도 담당자 미팅이 이뤄지는 정확히 그 자리를 찾아옵니다.

혼자 찾아가냐고요?

아닙니다.

회사 문 앞에서 인사하면 다른 직원들 누구라도 먼저 발견한 사람이 와서 용무를 물어보고 담당자를 연결해줍니다. 손님 보다 앞장서서 직원 자리로 안내하기도 합니다. 그리고 자기 자리로 돌아갑니다. 담당 직원과 손님은 인사를 나누고 회의실로 옮겨 미팅을 이어갑니다.

사장님 호출이 옵니다.

전 직원 회의실 모임입니다. 전 직원이 회의실로 모입니다. 회의실에는 사장님도 앉아 있습니다. 김 대리가 보고서를 읽고 프리젠테이션을 합니다. 회의 결과는 각 직원에게 파일로 전달되고 각 직원은 회의내용을 자기 컴퓨터에서, 스마트폰에서 실시간으로 받아볼 수 있습니다.

이 모든 일들이 '메타버스'에서 이뤄지고 있습니다.

사적인 이야기를 해볼까요?

모처럼의 휴일, 영화관에 갑니다. 내가 좋아하는 톱스타가 주연을 맡은 개봉작을 봅니다. 영화를 보고 나니 뭔가 심심합니다. 해외여행을 가고 싶습니다. 단 몇 초 만에 해외 여행지에 옵니다. 여행지에서 새로운 사람도 만나고 현지 거리에서처럼 쇼핑도 즐기고 길거리에선 현지인들과 인사도 나눕니다. 아직 끝난 게 아닙니다. 친구들이 모여 게임도 합니다. 유명한 외국 가수가 해외에서 펼치는 쇼케이스도 직접 관람이 가능합니다. 뭐하나 안 되는 게 없습니다. 이번에도 '메타버스' 이야기입니다.

그렇다면 과연 '메타버스'란 무엇일까요?

여기서 말하는 메타(Meta)는 '가상'이란 의미이고 유니버스(Universe)는 '현실 세계'라는 의미입니다. 두 단어를 합쳐서 '메타버스'라고 부르고 '가상의 현실 세계'라고 이해합니다.

메타버스는 1992년 미국 소설가 닐 스티븐슨(Neal Stephenson)의 소설인 「스노우 크래시(Snow Crash)」에서 아바타가 활동하는 인터넷 기반의 가상세계를 표현하는 말로 처음 등장했고, 최근에는 '가상과 현실이 상호작용하며 공진화하고 그 속에서 사회·경제·문화 활동이 이루어지면서 가치를 창출하는 세상'으로 정의되기도 하고, 가상·증강현실(VR·AR)과 같은 가상융합기술(XR;eXtended Reality)의 활용을 강조하여 '확장 가상세계'로 정의되기도 합니다.

메타버스는 활용 확대에 따라 시장 규모도 빠르게 성장하고 있는데, 주요 서비스인 로블록스(Roblox)의 일일 이용자는 2019년 1분기 15.4백만 명에서 2021년 1분기 41.8백만 명으로 171% 증가했고, 마인크래프트(Minecraft)의 월간 이용자는 2016년 6월 4천만 명에서 2021년 4월 1억 4천만 명으로 250% 증가했으며, 제페토(Zepeto)의 글로벌 누적 이용자는 2억 명인데, 이는 글로벌 OTT 플랫폼인 넷플릭스 이용자 수와 같고, 그 결과 전 세계 메타버스 시장 규모는 2021년 307억 달러(약 34조 1,077억 원)에서 2024년 약 2,969억 달러(약 329조 8,559억 원)까지 성장할 전망이라고 합니다. 참고문헌 참고

이러한 추세에 따라 국내 기업들도 메타버스 시장에 속속 진출하고 있습니다.

네이버에서는 네이버제트社에서 '제페토'를 2018년 8월에 출시하였는데, 2021년 시점 기준 전 세계에서 약 2억 명의 사용자를 모았고, SK텔레콤은 강연과 페스티벌, 콘서트, 팬미팅 등에 특화된 행사들을 개최하는 이프랜드(ifland)를 선보였습니다.

자료 출처 | 로블록스 play.google.com/store/apps/details?id=com.roblox.client&hl=ko&gl=US

자료 출처 | 제페토 play.google.com/store/apps/details?id=me.zepeto.main&hl=ko&gl=US

우리나라에서도 향후 디지털 뉴딜 2.0의 핵심 키워드로 메타버스를 지원할 방침이라고 합니다. 바야흐로 메타버스 전성시대가 열리고 있습니다.

메타버스는 현실 세계의 비즈니스가 가상의 공간으로 대 이주하는 것이라고 할 수 있습니다. 상상이 현실이 되는 시대에서 메타버스가 그 선두에 섰다고 보는 이유인데, 코로나19 사태로 인한 재택근무와 사회적 거리두기 같은 경제 환경의 변화에서 각 기업들이 현실 세계를 벗어나 가상의 현실 세계로 옮기는 게 당연하다고 할 것입니다.

다만, 메타버스가 가상의 현실 세계이다 보니 일부 사용자들에게는 현실 세계와 가상의 현실 세계의 혼재에 의한 가치관이나 관점의 변화가 생길 위험도 있습니다. 메타버스에서 이뤄지는 사용자들 간의 인간관계가 그것인데, 온라인상에서의 인간관계와 현실 세계에서의 인간관계의 경계선이 모호해질 수 있다는 점입니다.

메타버스 내에서 이뤄진 캐릭터 간 관계를 현실 세계에서의 인간관계로 옮겨올 경우 파생될 위험이 분명 존재한다는 것이죠.

가령, 캐릭터 간 연인 관계를 현실 세계에서의 연인 관계로 오용할 경우도 생길 수 있고, 메타버스 내에서의 친분을 현실 세계로 가져와서 똑같이 적용시키려는 경우도 분명 생길 것입니다. 구체적으로 말하자면, 메타버스 내에서도 돈을 지불하고 캐릭터를 치장할 수 있는데, 캐릭터를 명품브랜드로 치장하거나 그러지 못한 캐릭터들 간의 빈부격차 문제도 발생할 우려가 있다는 점이죠. 실제로 게임을 하는 게이머들도 게임 속 감정을 그대로 가져와서 현실 세계에서 다툼을 하여 사회 문제가 되는 것처럼요.

다시 메타버스 이야기로 돌아와 보겠습니다.

메타버스를 비즈니스로 풀어내는 건 역시 기업들이 앞장서고 있습니다.

BTS는 공연을 메타버스에서 열었고, 온라인 전시플랫폼 '라르트'에서는 2021년 여름엔 메타버스를 활용한 전시회 '데이터 데스티네이션 데칼코마니'를 열었습니다. 명품 브랜드 중에서는 구찌가 앞서 있습니다. 메타버스에서 '구찌 플렉스 하다(구찌 브랜드 제품으로 돈 자랑하다)'는 말이 인기를 얻기도 했죠. 구찌는 한걸음 더 나아가 메타버스 내에 '구찌 빌라'를 열었고 패션그룹 LVMH에서는 '크리스챤 디올'의 메이크업 컬렉션 제품 9종을 제페토에 출시하기도 했습니다.

그뿐 아닙니다.

캐릭터 업체들도 여러 캐릭터들을 활용하여 다양한 제품들을 메타버스 내에 출시하고 있고, 두산 베어스는 제페토에 가상 맵을 열어서 사용자들이 두산 베어스의 라커룸 등을 체험할 수 있도록 했습니다.

"그래봤자, 가상세계잖아? 현실세계에서 가능한 감각은 어떻게 할 건데?"

메타버스가 가상의 현실 세계라면 현실 세계에서의 바람, 온도, 통증은 어떻게 할까요? 메타버스 내에서도 아바타가 현실 세계와 같은 자연 현상을 느낄 수 있을까요? 이러한 의문에서 비롯된 제품이 테슬라 스튜디오社에서 출시한 '테슬라 슈트' 입니다. 이 슈트는 사용자가 착용하면 전기 자극에 의해 바람, 온도, 통증을 느끼게 해주는 것인데, 메타버스 내에서 활용하면 아바타가 느끼는 전자적 자연환경을 사용자가 고스란히 옮겨 체감할 수 있도록 하게 되는 것이죠. 아바타와 사용자 간 일체감을 갖게 해주는 제품이 이미 있다는 것이죠.

바야흐로 전 비즈니스 분야에서 메타버스 세상으로 대 이주를 하는 시대, 이러한 메타버스 열풍에는 Z세대가 단연코 앞장 서 있다고 할 것인데, 1980년대에서 2000년대 출생한 이들은 메타버스 이용자들 가운데 80%를 차지합니다. 어느 연령대보다도 사회적 만남과 교류가 왕성할 이들이 사회적 거리두기, 비대면 수업 등으로 현실 세계에서의 만남이나 교류가 어려워지자 메타버스 내로 놀이 장소를 옮겨갔다고 보입니다.

메타버스가 궁극적으로 지향하는 세상은 어떤 곳일지 상상되십니까?

촉감 센서를 부착한 장갑만 끼면 메타버스 내에 아바타가 만지는 모든 디지털 파일들 형상이 실제 사용자 손에 전달되는 기술, 헬멧만 쓰면 헬맷에서 발생되는 초음파가 두뇌 신경세포(뉴런)를 자극하여 인간의 몸이 느끼는 모든 감각을 대리 체감할 수 있게 해주는 기술, 똑같은 재질을 만지더라도 사람마다 느끼는 촉각이 다른 경우를 대비해서 각 사람들의 취향에 맞춰 재질 촉감을 느끼게 해주는 기술은 이미 출시되었습니다. 그래서 시각이나 청각처럼 인체와 떨어진 곳에서 발생한 자극을 느끼는 기술을 넘어 촉각처럼 인체에 접촉하여 발생하는 자극을 느끼는 기술도 머지않아 곧 출시될 것은 자명한 일이라 할 것입니다.

그런데 기술적으로 어려운 부분은 없을까요?

가령, 시각장애인들에게 메타버스는 어떻게 다가설 수 있을까요? 청각과 촉각은 센서가 달린 기기를 인체에 장착해서 체감할 수 있지만, 모니터나 디스플레이를 봐야 하는 시각의 경우엔 어떻게 구현될 수 있을까요?

이에 대해서는 스페인 미겔에르난데스 대학의 신경공학자 '에두아르도 페르난데스'의 연구를 눈여겨볼 수 있는데, 미국 과학기술전문지 'MIT

테크놀로지 리뷰'에서 보도한 바에 따르면 '연구진은 시각장애인 뇌에 임플란트를 심고 카메라가 달린 안경을 착용시킨 후에 안경으로 얻은 영상을 뇌에 직접 전달하는 방식'으로 실험을 했다고 합니다. 그 결과, 시각장애인은 종이에 쓴 글자 윤곽을 인식할 수 있게 되었다고 하죠. 메타버스를 향하는 기술들이 차곡차곡 준비되는 시대입니다.

여기까지 읽은 여러분들은 '메타버스가 실제 대단한 기술이고 인류의 삶 자체를 변화시킬 수 있는 획기적인 신기술이구나!'라고 생각하실 수 있습니다.

그런데 안타깝지만 현재로선 '메타버스'에 대한 정의마저도 각 기관마다 다르게 해석하고 있는데, 비영리 기술 연구 단체 ASF(Acceleration Studies Foundation)는 메타버스의 요건을 4가지로 구분하여 현실 공간에 가상의 물체가 상호작용하는 '증강현실(Augmented Reality)', 사람과 사물에 대한 경험과 정보를 저장하고 묘사하는 '일상 기록(Life logging)', 현실 세계를 사실적으로 반영하되 정보적으로 확장된 가상세계라는 '거울 세계(Mirror Worlds)', 현실 세계와 유사하거나 전혀 다른 세계를 디지털 데이터로 구축한 '가상세계(Virtual Worlds)'를 충족하는 것이라고 하였습니다.

문제점이 없는 것도 아닙니다.

가상세계를 통제하고 규범 짓는 법률의 제정 또는 제정의 주체가 누구인가? 하는 점입니다. 가상의 현실 세계라고 하지만 메타버스에서 이뤄지는 행위들에 대해 제어하는 법률이 없습니다. 가상세계에서의 아바타들이 벌이는 행위이기 때문인데, 현실 세계의 법으로는 제어할 수가 없습니다.

만약에 메타버스에서 아바타가 아바타를 속여서 돈을 가로챘다고 해 보죠. 범죄 장소가 어디일까요? 빼앗은 가상화폐를 어떻게 처분할까요? 메타버스는 가상의 현실 세계라고 할 만큼 현실에서 이뤄지는 모든 행위들이 가능한 반면에 메타버스 내에서 이뤄지는 행위들을 규제할 법률이 없습니다.

가상세계에서 벌어지는 가상세계 법률에 대한 위법 행위에 대해 범행 장소는 어디로 특정할 것이며 누가 재판할 것인가? 그다음 문제는 판사 역할을 누가 할 것인가의 문제입니다. 가상세계의 일이니까 인공지능이 하면 될까요? 가상세계에서 이뤄지는 행위들에 대한 법률이 없는데 인공지능 판사도 있을 리 만무합니다.

가상세계에서의 통화(가상화폐)에 대해 현실 세계의 화폐와 교환 비율은 어떻게, 누가 정할 것인가? 그다음으로는 메타버스에서 이뤄지는 아바타 사이에 돈거래에 대해 어떻게 과세할 것인지의 문제입니다. 현실 세계에서 이뤄지는 경제행위처럼 메타버스에서도 경제활동이 가능하죠, 그렇다면 어떻게 과세하고 어떤 방식으로 부를 축적할까요?

그런데 '메타버스'라는 용어를 다르게 부른다면 어떻게 생각할 수 있을까요?

필자의 개인적인 의견으로는, '메타버스'에 세상을 주도하는 세대를 상징하는 의미를 넣는다면 '제타버스'라고 부를 수 있을 것 같습니다. Z세대 연령층의 80%가 넘는 사람들이 사용하는 메타버스이므로 'Z세대+메타+유니버스'의 의미로 제타버스(ZetaVerse)라고도 부를 수 있을 것입니다.

메타버스를 주요 사용자 측면에서 바라보는 용어라고 할까요?

또한, 현실 세계의 가상화, 가상의 현실 세계인 메타버스의 차세대 버전은 사용자들로부터 자율 규제가 생성되고 스스로 규제하는 가상 커뮤니티가 생겨나는 방식으로 전개될 것입니다. Z세대가 이끌어가는 미래 세계이기도 하고 메타버스에서 이뤄지는 가상의 미래 세계를 의미하는 것이기도 합니다.

그리고 이러한 메타버스에서는 사용자들이 만드는 새로운 맵(Map)이 필수적입니다.

사용자가 만드는 영토, 영공, 영해가 생겨나는 것이죠. 미래에는 메타버스에서 사용자들이 만든 영역에 다른 사용자들이 들어오고 국민이 되고 자발적인 세금을 낼 수도 있을 것입니다. 가상의 국가들이 생겨나겠죠? 성(城)이 지어지고 주민이 들어오고, 쇼핑 상권이 생성되고 가상화폐가 통용될 것입니다. 메타버스가 가상의 현실 세계 1단계였다면 2단계에서는 가상의 현실 세계가 사용자들끼리 이합집산이 이뤄지고 영토 개념이 생성되는 것입니다.

Trend:

ESG(Environment · Social · Governance)

↳ 기후변화로 인한 환경 문제가 부각되다

2021년은 지구촌이 몸살을 앓았다고 할 정도로 기상이변과 무더위와의 대결이었다고 해도 과언이 아닙니다. 독일에서 100년 만의 홍수, 미국과 중국 등지에서 발생한 기상이변, 급기야 각국 지도자들은 온난화가 이뤄지는 지구의 환경을 보호하자는데 합의하고 탄소가스를 줄이는 국가 간 협의에 이르게 되었습니다. 세계 각국의 기상이변이 만들어낸 변화 가운데 하나는 사람들이 지구의 미래를 걱정하는 데 한마음이 되게 했다고 할 것입니다.

그래서 이러한 환경의 위험을 체감하는 시대에 접어든 요즘, ESG와 기업경영, 소비자의 변화, 가치 중심 소비에 따른 ESG 트렌드가 더욱 확산됩니다. 각국마다 지역사회로 번져가는 ESG에 기업들이 속속 뛰어들어

경영에 반영합니다. 사람들이 주목하는 정책 변화가 이뤄집니다. 전통적인 화석연료의 감축, 자연친화적 에너지 생산으로의 발전 도모 등, 인류가 거쳐온 에너지 역사상 급진적이라고 할 만큼 긴급한 변화가 생겨납니다. ESG는 더 이상 미룰 수 없는 긴요하고 긴급한 트렌드가 됩니다.

그래서 ESG 경영은 소비자들을 향한 마케팅이 되고 기업의 지속적 성장을 위한 경영전략으로 자리 잡게 됩니다. 각 기업들마다 친환경 경영 활동을 선언합니다. 일례로, 북극 빙하가 녹는 것을 막기 위한 북극곰 살리기 운동이 있고 제주도를 청정지역으로 지키자는 운동 등, 국내에서는 제주항공이 리프레시 어스(Refresh Earth) 캐치프레이즈를 선보이기도 하였습니다.

커피숍에서 플라스틱 빨대가 사라진 것도 ESG 경영 환경의 일환입니다.

친환경 포장재 사용이 권유되고 포장재 낭비를 줄이고 플라스틱 쓰레기를 줄이기 위한 환경 선언(?)도 속속 발표됩니다. 각 기업에서는 기업 특성에 맞는 ESG 경영 활동을 강화하고 사회와 환경에 기여하기 위한, 지속 가능한 경영전략 수립에 나섭니다.

국내에서는 SPC그룹과 SK종합화학, 롯데케미칼, 한화컴파운드 등이 친환경 포장재 개발 협약에 나서고 친환경 포장 플랫폼을 구축하려는 계획을 발표하는 것도 그 일환이라고 할 것이고, 파리바게뜨에서는 플라스틱 컵에 로고를 넣을 때 잉크를 사용하지 않고 양각으로 새겨넣는 것도 같은 맥락입니다. 던킨에서는 간단한 과정을 거쳐 재활용이 가능한 알루미늄 재질의 딜리버리 전용 패키지를 도입했으며 베스킨라빈스에서는 옥수수 전분을 사용한 스푼을 개발하여 도입할 예정이기도 합니다.

보일러 업계에서는 이산화탄소 배출량을 줄이고 에너지 효율을 높이는 친환경 제품을 선보이고 있으며 청정환기 시스템을 통해 에너지 절감 효과를 이루어내고 가스 사용량을 줄이거나 질소산화물 배출을 획기적으로 절감하는 제품들을 선보이고 있습니다. 참고문헌 참고

기업들의 이 같은 움직임에는 이유가 있습니다.

ESG 경영 기업에 자금이 몰리고 있거든요. ESG 관련 펀드는 2020년에 1조 4천억 달러에 달합니다. 지속 가능 채권과 대출상품 규모는 4천억 달러에 달하죠. 기업들의 ESG 투자를 통해 평균 10~20% 정도 높은 수익률을 기록하는 것도 기업들의 경영 변화를 가속화한다고 할 것인데, 충전식 배터리를 사용하는 등의 방법으로 10% 정도의 비용 절감마저 이뤄내고 있는 것입니다.

이러한 ESG는 소비자들에게도 좋은 호응을 얻고 있습니다.

20~30대 연령층의 사람들에게는 무엇보다도 가치 소비가 중요한데, 기업들의 ESG 경영 활동에 대해서도 환경에 어떻게 대응하는가를 중요하게 여긴다는 보고도 있습니다. 이른바 '자신의 신념과 가치에 맞는 제품을 소비한다'는 '가치소비'는 MZ세대의 소비특성이기도 합니다. 이들은 소비자로서도 ESG를 생각하는 소비를 하고 있는데 재활용하기, 플라스틱 사용 줄이기, 쓰레기 안 만들기, 채식주의 등을 특성으로 하는 소비 행동을 합니다.

이처럼 기업과 소비자가 움직이는 키워드, 2005년에 처음 등장한 용어 ESG란 무엇일까요?

ESG는 환경(Environmental), 사회(Social), 지배구조(Governance)를 일컫는 단어입니다. 구체적으로 말씀드리면, '환경'은 환경오염물질을 줄이거나 친환경 제품을 출시하는 것 같은 환경 요소를 의미하고, '사회'란 직원 관리, 제품의 안전성, 공정경쟁 등을 의미합니다. '지배구조'란 주주배당, 이사회 활동, 감사 시스템 등을 의미하죠.

기업경영에서 ESG를 한마디로 표현하자면 '비재무적 성과'에 해당됩니다.

재무적 성과로서 매출실적, 목표매출 달성 등을 의미하는 게 아닌, 재무적 성과를 제외한 모든 면에서의 비재무적 성과입니다. 기업의 이익 추구가 재무적 성과라면 기업의 비재무적 성과는 사회적 성과를 의미하는데, 다른 표현으로는 기업의 '지속 가능한 성장'을 이루는 '경영전략'이라고 부를 수 있겠습니다. 소비자가 중요시하는 건 미래의 환경이고 기업의 인적 관리, 지배구조에 있어서 공정 여부를 판단하여 소비하겠다는 행동의지를 표현하기에 기업들이 움직이지 않을 수가 없는 것이니까요.

생각해보죠.
현재 20~30대 연령층의 MZ소비자들은 1980년대~2000년대에 태어난 이들(실제로 이 연령대에 속하는 사람들은 자신들을 MZ세대라고 규정지어 부르는 것조차 당황스럽다고 생각한다지만 말이죠)입니다. 우리나라에서 서울올림픽이 개최된 1988년의 감흥을 초등학생 시절에 체감한 세대들이고, 1990년대에 벤처붐, 2002년에 월드컵, 2010년대 전후의 글로벌 경제 위기를 거쳐 2020년대에 스마트폰으로 인한 모바일 기반 삶을 살아가는 소비자들입니다.

이들은 커뮤니티 활동을 하고 개인 SNS를 통해 자기를 표현하는 것에 익숙하며 유튜브에서 개인방송을 진행하는 것을 직업이라고 부를 수 있는 사람들이기도 합니다. 이들이 살아온 삶은 치열한 경쟁 속에서도 기술의 발달이 주는 안락함과 자본 투자에 대한 부의 달성에 대해 노동의 가치를 새롭게 바라보는 시각을 가진 소비자들인 것입니다.

합리적이지 않은 행동은 시장에서 퇴출되어야 하고 공정하지 않은 제도는 배제되어야 하며 미래를 살아갈 자신들을 위하여 환경이 제일 중요하다는 것을 알고 있는 세대입니다. 논술을 통해 자기주장을 논리적으로 표현하는 것을 배웠고 자기주도학습을 통해 혼자 공부하는 법을 압니다. 셈이 빠르고 자기 권리행사에 적극적으로 행동합니다. 만19세 성인이 되면 부모 곁을 떠나 독립된 삶을 살고자 하는 욕구도 강합니다. 인터넷 강의를 통해 공부하며 영상콘텐츠에 대해 거부감이 없습니다. 비트코인 등의 가상화폐 투자와 주식투자, 부동산 투자 등처럼 재테크도 긍정적으로 인식하는 사람들이죠. 합리적이고 현명하고 똑똑하고 자기 이익에 민감하되 컴퓨터를 다루는 기술도 능숙한 세대들인 것입니다.

이들은 기업에 대해 판단할 때 지속가능성(Sustainability)을 중시하는 것인데, 지속가능성(지속가능발전법에 따르면)이란 "현대 세대의 필요를 충족시키기 위하여 미래 세대가 사용할 경제 사회 환경 등의 자원을 낭비하거나 여건을 저하시키지 않고 서로 조화와 균형을 이루는 것"을 의미합니다.

한마디로 ESG라고 표현됩니다.

지속 가능한 경영이란 ESG 경영이 되는 셈이고 지속 가능한 경영전략이란 ESG 경영전략인 것이니까요. 말하자면, ESG 경영이란 ESG를 추구하며 지속가능성을 개선한다는 것이라는 의미입니다.

그런데 눈여겨볼 부분이 있습니다.

일례를 들자면, 아마존(Amazon)의 제프 베조스(Jeff Bezos)는 주주들에게 보낸 편지를 통해 친환경 기업으로 거듭나겠다는 강력한 의지를 밝히면서 2022년까지 배송용 차량 1만 대를 전기차로 바꾸겠다는 의사를 밝히는데, 국내의 모 대기업도 2022년까지 2016년 온실가스배출전망(BAU, Business as Usual) 대비 40%의 온실가스를 감축하는 것을 목표로 세우기도 하였다는 것이죠.

전기자동차. 1만 대.

그리고 국내의 모 대기업('경영 목표'이므로 명칭은 생략합니다).

2022년.

전기자동차는 핵심 기술이 배터리입니다. 배터리 가격이 전기자동차 가격이라고도 말할 수 있죠. 그런데 아마존에서 전기자동차 1만 대를 구입한다? 이것은 특정 기업의 수혜 차원을 떠나서 각국 대기업들이 환경경영 분야에 대해 어느 정도로 진지하게 임하고 있느냐를 나타낸다고 할 것입니다.

왜냐하면, 전기자동차 1만 대가 상징하는 의미는 여러 분야로 파급되는 것이기 때문입니다. 예를 들어, 아마존에서 배송용 차량을 전기자동차로 바꾸게 되면 전지가동차가 배송할 수 있는 효율을 고려하게 되고, 최대 적재용량을 계산해서 가장 적은 비용으로 가장 먼 거리를 배송할 수 있는 방법을 찾게 됩니다.

또한, 환경을 고려해서 바꾼 전기자동차인데 그 안에 실는 화물들의 포장재가 환경에 악영향을 끼치면 안 되는 거잖아요? 아마존에 납품하는 회사들은 제품과 포장재에 환경을 고려한 재료를 사용하게 됩니다.

그뿐일까요?

아마존으로부터 택배를 받는 소비자들로서도 환경을 고려하게 됩니다. 포장재부터 전기자동차까지? 환경 영향을 최소화하려는 기업들의 모습을 체감하는 소비자로서는 일상생활에서 환경을 생각하게 되는 것이죠.

온실가스를 줄이려는 목표를 세운 기업에서도 변화가 생기게 되죠.

그 회사 구성원들에게도 회사 방침이 전달되니까요. 사무실 업무부터 시작해서 생산공장의 비품은 물론, 생산공정 전반에 걸쳐 온실가스 감소를 위한 변화가 생깁니다.

재활용 제품이 늘겠죠? 일회용품은 배제될 것이고요.

그렇다면 그 대기업에 비품을 납품하는 협력사들에게도 변화가 생깁니다. 환경에 해가 될 수 있는 포장재는 줄이고, 생산공장에 사용되는 원료와 원부자재들도 온실가스를 줄이는 목표를 달성하는 쪽으로 바꾸게 됩니다. 대기업 한 곳이 변화하면 그에 연결된 수많은 협력사들과 관련 사람들이 생활에 변화를 주는 것이 되죠.

Trend:
WILL FLAME IN WIND OR RAIN
221B
BAKER STREET
MUSEUM

중고마켓(Used Market)

ㄴ 환경 문제에 따른 재활용 의식을 일깨우는 합리적 소비

"Second-Hand Product"

"Used Product"

중고용품을 의미하는 영어단어입니다.

중고용품 소비가 합리적인 소비 방법으로 등장하면서 중고용품 시장이 활성화되고, 확산되고 있습니다. 중고용품은 더 이상 남이 사용하던 헌 물건이 아니라 현명한 소비자가 합리적인 판단하에 구입하는 알뜰한 제품으로 인식되기 시작했습니다.

중고용품을 샀다고 꺼릴 것도 없고 중고용품으로 판매했다고 '돈이 없나?'라고 생각될까 봐 감추지 않아도 됩니다. 쓰던 물건 무엇이든 중고거래가 가능하고 다 읽은 책도 다시 서점에 내다 파는 상황, 바야흐로 중고 거래가 사회적 주류로 등장합니다.

사실, 중고용품의 거래가 이뤄진 것은 어제오늘의 일이 아닙니다.

아주 오래전부터 거래가 되어온 제품들이고 사람들이 이용하던 시장입니다. 거래 물품을 놓고 보자면 벼룩시장(flee market)도 중고용품 시장이자 중고시장이라고 부를 수 있습니다. 중고거래가 확산되자 대기업에서도 중고마켓을 눈여겨보았고 시장진입에 나섭니다.

한국개발연구원(KDI, www.kdi.re.kr)의 통계 검색 결과에 따르면, 당근마켓, 번개장터, 중고나라, 헬로마켓, 옥션중고장터 등 중고거래 앱 이용자는 2020년에 약 5천 4백만 명에서 1억 1천만 명으로 약 2배 이상이 폭등한 것으로 나타났습니다. 우리나라 모든 국민이 1년에 2회 이상 중고마켓을 이용해본 경험이 있다는 것과 같습니다.

중고마켓의 인기.

먼저, 왜 중고거래인가를 고려해야 하는데, 여기 100원짜리 물건이 새로 나왔다고 해보죠.

새것이고 디자인도 예쁘고 좋습니다.

마음에 훅 들어옵니다.

사고 싶어요.

지갑을 봅니다.

돈은 딸랑 100원.

그런데 100원을 가진 것도 좋죠. 90원만 가진 경우도 있을 겁니다.

어떻게 해야 할까요?

이 글을 읽는 여러분의 생각은 어떠십니까?

100원을 가진 분이라면 '가진 돈이 없네', '이 물건 사면 생활비가 없네. 다음에 돈 모아서 사야겠다'고 생각합니다. 그러면 90원 가진 사람은 어떨까요? '어라? 가진 돈도 없고 아예 부족하네? 사고 싶긴 한데 돈이 부족하네. 돈을 모아서 나중에 사야겠다.'고 생각합니다.

그런데 모든 사람이 그런 건 아니죠?

어떤 사람은 삽니다. 아무 생각 없습니다. 아니, 좋은 물건 봤는데 어떻게 안 삽니까? 지갑에 100원도 있는데요? 삽니다. 일단은 지릅니다. 네, 삽니다. 그리고 집으로 옵니다. 이제 머릿속이 복잡해집니다. 부모님으로부터 '등짝 스매싱'을 맞을 수도 있습니다. 결혼하신 분이라면 아내에게 맞을 수도 있습니다. 또는, 남편에겐 비밀로 해야 할 수도 있습니다. 정신적 만족을 위하여 육체적 고난을 감수하는 사람이 됩니다. 여기서 말씀드린 두 가지 경우에 포함된다면 여러분은 MZ세대 참고문헌 참고 가 아닐 확률이 99%입니다.

그런데 다른 경우가 있습니다.

100원짜리 물건을 봤습니다. 사고 싶습니다. 지갑을 열어보니 딸랑 100원 있습니다. 어떻게 할까요?

'어휴. 다행이다. 돈 있네.'

100원을 다 꺼내주고 물건을 삽니다.

아싸, 신납니다.

그리고 집에 옵니다.

어떤 일이 벌어질까요? 부모님이 계시고, 남편이 있고, 아내가 계시..., 아니, 아내도 있고. 강아지 미미와 고양이 뽀삐도 있습니다. 내 얼굴은 싱글벙글입니다. 사갖고 온 물건을 자랑스럽게 들고 거실을 지나 방으로 들어갑니다. 가족 중에 누군가가 물어봅니다.

"아니, 돈이 어딨어서 그걸 다 샀어?"

"용돈 받았다고, 월급 탔다고 꼴랑 다 털어서 그걸 샀다고?"

이 사람이 대답합니다.

"응. 별로 안 비싸. 월급 탄 거 마침 있길래 질렀어."

가족들은 걱정이 태산입니다.

'저걸 뭐 하려고 샀나, 저걸 어디에 쓰려고 샀나?'

효자손을 찾고 파리채를 찾습니다. 그리고 분노의 질주를 하듯 그 사람의 등 쪽으로 다가가려고, 다가가서 정신 차리라고 한 대 후려치려고 합니다. 어떻게 될까요? 이 사람이 대답합니다.

"나중에 팔면 돼. 중고로 내놓으면 70원은 돌려받아. 이거 100원짜리이지만 30원 주고 산 셈이지. 어차피 일주일만 볼 건데 뭐."

이 경우라면 이 사람은 MZ세대일 경우 99%입니다. 여기서 육체적 나이를 말하는 게 아닌 것 아시죠? 정신적 연령도 해당됩니다.

중고마켓의 확산, 소비자들이 합리적 소비, 가치 소비를 중시하면서 생겨난 현상입니다. 경제 위기 탓으로 모는 건 무리가 있습니다.

경제 위기요?

6.25 전쟁 직후가 더 어려웠습니다. 그 당시엔 국민 대부분이 먹고 죽

을 돈도 없었으니까요. 그러므로 경제 위기보다는 소비자들의 인식변화가 더 우선인 것입니다.

롯데는 중고나라에 투자를 했습니다.

동네 기반 중고거래 플랫폼 당근마켓은 소비자 관심이 폭발적으로 증가했습니다. 취향 기반 중고거래 플랫폼 번개장터도 요즘 소비자들의 우선 순위목록에 들어 있습니다. 사용하지 않은 상품권 거래 플랫폼인 팔라고도 있고요. 이처럼 중고물품 거래에서, 동네 기반 중고거래 플랫폼, 취향 기반 중고거래 플랫폼까지 중고마켓이 확장되고 확산하고 있습니다.

말하자면, 중고마켓 활성화는 자기 물건을 파는 사람들의 등장이 많은 것이고 그들은 소비자였으며, 그들은 애초에 중고로 팔 수 있는 물건을 샀었던 프로 컨슈머였다는 것을 알 수 있습니다. 프로 컨슈머가 자기 물건을 다시 중고로 판매한다는 것은 자기의 주장을 표출하기 시작한 것으로 자기 선택에 대한 자신감을 가진 현상이기도 한 것이죠.

내가 샀고, 이 물건은 아직도 쓸만하다는 것인데, 내가 원하는 가격이 있다는 것은 내가 가치를 측정한다는 것이죠. 요즘 소비자들이 새 물건을 사더라도 중고판매를 염두에 두고 쇼핑하게 되는 것을 의미하는 것이고, 기업들로서는 소비자들이 중고판매 가격을 제값 받을 수 있도록 신상품을 팔아야 하는 게 됩니다.

국가 입장에서 보자면 국민들에 의해 점점 더 많이 정책의 평가가 이뤄진다는 것이고 중고판매도 안 되는 정책은 국민들로부터 오해를 사게 된다는 것이 되겠죠. 다시 말해서, 국민이 정치인을 투표할 때도 미래 가치를 보고 선택한다는 것이고, 신뢰할 수 없다고 판단되면 '손절(손해 보고 판다: 이익을 기대하고 샀으나 값이 오를 때까지 기다리지 않고 손해보고라도 팔아버린다)'하게 된다는 의미로 받아들여야만 하는 상황입니다. 다만, 정치인은 손절이 불가능하므로 재선택하지 않는다는 게 유권자들 사이에서 합리적 당위성을 갖게 합니다.

그런데 한 가지 단점이 있습니다.

중고거래를 이용하는 소비자들은 늘어가는데 정작 중고거래 물품 거래 시 발생하는 수수료를 받는 게 애매합니다. 그리고 중고거래를 통해 안면을 튼(?) 사람들은 굳이 플랫폼을 이용하지 않아도 되는 일이 벌어집니다.

중고거래 플랫폼에 지역 커뮤니티를 통해서도 알음알음 인연이 맺어지죠? 플랫폼이 지역 기반, 취미 기반이다 보니 그 취미가 그 취미이고, 그 동네 사람이 그 동네 사람입니다. 조금만 발품 팔면 내가 판매할 중고물품 사려는 사람 구하기가 어렵지 않은 것이죠.

다시 수수료 얘기로 돌아와서.

플랫폼을 거치자니 수수료를 내야 한다면 직거래로 돌아서게 됩니다. 부동산중개수수료와는 다르죠. (부동산 거래도 직거래가 있습니다만 '수수료'에 관한 문제에서) 부동산거래수수료는 모르는 사람끼리 거래하면서 수수료를 내는 것인 반면에 중고물품 거래는 처음 거래하고 나면 아는 사람이 된다는 점입니다. 같은 동네에서 어울리고 같은 취미로 어울리니까요. 플랫폼 입장으로선 시간이 지날수록 수익률을 담보하기가 어려울 수 있다는 것이죠.

또한, 중고물품이다 보니 가격이 낮습니다.

가격이 낮으면 당연히 수수료도 낮죠. 거래액이 늘어난다고는 하지만 앞서 알아본 바와 같이 거래 지속성이 끊길 수 있다는 문제가 생길 수 있고, 낮은 단가 대비 수수료의 확장성 문제가 생깁니다.

그래서일까요?

모 플랫폼에서는 신상품을 새 박스 그대로 가격을 높게 책정해서 중고로 내놓는 경우도 발견할 수가 있습니다. 실제 중고용품인지는 확인 불가하나 정확한 것은 플랫폼 입장에서도 그러한 고 단가 물품이 많이 들어와야 수수료 부담에서 자유로울 수가 있게 된다는 점입니다.

예를 들어, 세계 최대 직거래 플랫폼인 '크레이그 리스트(www.craigslist.org)'는 사업 초창기엔 부동산이나 중고자동차를 직거래할 경우에 수수료를 부담 지웠고, 같은 방식으로 점차 다른 물품들 거래 시에도 수수료를 받아갔습니다.

이 전략이 좋았습니다. 아이템 선정이 탁월했죠. 가령, 부동산을 직거래합니다. 그러면 부동산을 인테리어 할 물품이 필요하죠? 자동차를 직거래해보죠. 자동차 비품들이 필요하게 됩니다. 어디서 찾아볼까요? 다시 직거래 사이트, 그 플랫폼에 와야 합니다. 사용자들이 플랫폼을 떠나지 않고 계속 반복적으로 이용할 수 있게 되는 거죠.

반면에 생활용품이나 취미용품을 직거래할 경우를 가정해보죠.

동네 사람들끼리 자주 만나게 되고 서로 어울립니다. 취미도 마찬가지이고요. 거래가 될까요? 한국 사람들 사이에 또 그 특유의 '정'도 있는데요? 그냥 주죠? 나눠 갖습니다. 음식도 나누고 먹거리도 나누고 취미도 나누고 생활용품도 나눕니다.

"나 필요 없고, 나 이거 팔 건데 네가 얼마에 사가!"
이러나요? 아니죠.
"나 이거 필요 없어서 팔까 했는데 너 필요하면 가져."
이럽니다.

여기에 비즈니스 기회가 생깁니다.
기회가 있죠.
뭘까요?
네. 배송이죠.

지역 기반 배송사업, 취미기반 배송사업. 요건 가능합니다. 지인들끼리 중고용품 주고받는데 누가 가져갈 것인지, 누가 갖다 줄 것인지 애매합니다. 가져다주자니 물건 주는 입장에선 내가 이런 것까지 해야 하나 싶기도 하고, 가져가서 받아오자니 물건 받는 입장이지만 물건만 받나? 가면 또 뭔가 주고 해야 될 텐데 싶기도 합니다. 그래서 배송 비즈니스가 가능합니다.

코로나19 사태로 인한 사회적 거리두기에도 적합합니다. 집합금지 단계에도 적합합니다. 거래 당사자들은 각자의 장소에 있고 배송 업무만 대행하면 되죠. 중고마켓에서 또 하나의 비즈니스가 창출된다면 그건 배송 서비스인 것입니다.

‘중고나라(cafe.naver.com/joonggonara)’는 2003년에 생겼습니다. 그리고 ‘당근마켓(www.daangn.com)’은 2015년경에 시작되었는데 중고나라 거래 규모를 능가하는 규모로 성장했습니다. 중고마켓이 시간이 흐를수록 확산되고 확장되고 있다는 것이죠. 그리고 이제는 중고거래 플랫폼에서 수익화에 나서도 될 상황처럼 마켓 자체가 무르익었다는 의미이기도 합니다.

그리고 2022년.

ESG 경영환경의 변화와 더불어 쓰레기 줄이기, 자원의 재활용 문제가 부각되었죠. 각 기업들마다 ESG 경영으로 기업경영 체제를 재단장하고 있습니다. 지금까지는 개인들 간 중고마켓이었다면 2022년은 기업들이 참여하는 중고거래 마켓으로 확장 재편된다는 것입니다.

Trend:

우주여행(Space Tour)

↳ **"지구를 탈출하는 소비자들 : Consumers Escaping to the Space"**

2021년 6월 25일.

미 국방부는 UFO의 정체에 대하여 보고서를 공개합니다. 그리고 보고서에 따르면 미군 비행기 조종사들이 UFO 관련하여 보고한 143건에 대해 '정체 확인 불가'라는 결론을 내립니다. 실제 외계에서 온 UFO일 수도 있지만 적대 세력이 만들어낸 기술상 간섭물일 수도 있다는 의미입니다.

다만, 외계 생명체의 존재를 부정하지 아니함으로써 지금도 UFO의 존

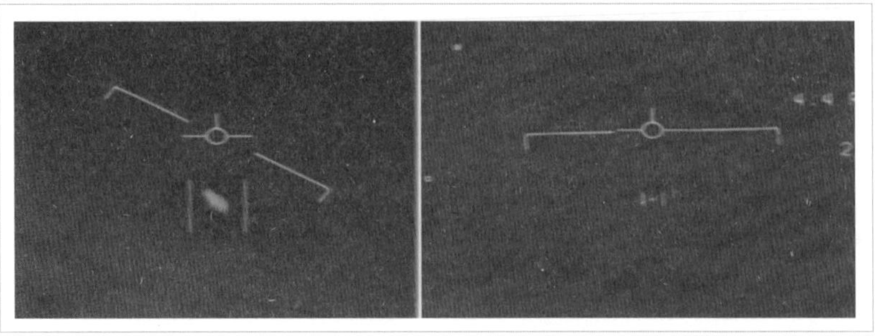

자료 출처 | 미국 국방부 www.defense.gov

재에 대해 명확하게 결론지어진 것은 아니라고 할 것입니다. 오히려 의혹만 더 늘어나게 된 것이라고도 볼 수 있을 것입니다. 한 가지 확실한 것은 미국 국방부에서도 외계 생명체의 존재일 가능성을 열어두었다는 사실입니다.

그런데 2021년 7월 11일.

영국 버진그룹 리처드 브랜슨 회장은 우주여행에 성공합니다. 미국 서부 시간 같은 날짜 오전 7시 40분경, 리처드 브랜슨 회장은 뉴멕시코주 스페이스포트 우주센터에서 버진 갤럭틱社의 우주 비행선 'VSS 유니티'를 타고 우주로 날아오르는 데 성공했습니다.

다만, 리처드 브랜슨 회장이 경험한 '우주'는 땅에서 공중으로, 공중에서 다시 날아오른 후, 고도 88.5km 위치에서 약 4분간 미세중력(중력이 거의 없는) 상태를 경험한 게 전부입니다. 지구를 완전히 벗어나는 의미의 '우주여행'으로 보기는 어렵다고 할 것입니다.

눈여겨볼 부분은 이제부터입니다.

자료 출처 | Virgin Galactic
https://www.virgin.com/about-virgin/latest/virgin-galactic-successfully-completes-first-fully-crewed-spaceflight

2021년 7월 20일.

아마존社 제프 베조스 회장은 블루오리진社의 '뉴 셰퍼드'를 타고 고도 100km까지 오르는 데 성공합니다. 앞서 리처드 브랜슨 회장보다 15km를 더 날아오른 기록인 셈이죠.

자료 출처 | 블루 오리진 https://www.blueorigin.com/new-shepard/

이 기록이 중요한 이유는 유럽 국제 우주항공연맹에서는 고도 100km (카르만 라인)를 넘어야 우주로 정의하기 때문입니다. 이 정의에 따르면 리처드 브랜슨 회장은 '우주'에 다다르지 못한 게 됩니다. 다만, NASA와 연방항공국은 고도 80km를 우주라고 정의하므로 의견 차이는 존재합니다.

스페이스X社의 일론 머스크 회장은 리처드 브랜슨 회장이나 제프 베조스 회장보다도 더 큰 계획을 세우고 있습니다.

자료 출처 | 스페이스X https://www.spacex.com/vehicles/starship/

미 항공우주국(NASA)과 손잡고 우주정거장(ISS)에 민간인 우주 여행객 4명을 올려보내려는 사업을 펼치려고 하는 것인데, 우주정거장은 지면으로부터 400km 고도에 떠 있으며 시속 27,743.8km의 속도로 매일 지구를 15.7 바퀴 돌고 있는데, 달(Moon)이 약 384,400km 속도이므로 일론 머스크의 우주선은 어느 정도의 성능을 지녀야 할지 그저 어안이 벙벙해지는 상황이라고 볼 수 있습니다. 우주여행에 대해 이제 막 관심을 가진 사람들 입장에서는 말이죠

그런데 실제로 스페이스X가 해냈습니다. 한국 시간 기준 2021년 9월 19일 오전 8시 6분 미국 플로리다주 인근 상공에 원뿔 모양의 비행체가 나타났는데요, 이 비행체는 급하강하다가 낙하산을 펼치더니 바다 위에 착륙했습니다. 스페이스X의 '크루 드래건' 호가 우주여행을 마치고 사흘 만에 무사히 지구로 귀환한 겁니다. 지구인 4명을 태운 크루 드래곤 호는 고도 585km에서 음속의 22배 속도로 매일 지구 15바퀴를 돌았는데요, 지구인 4명(어쩌면 우주인이라고 불리워야할 수도)은 크루 드래곤 호 안에서 지구를 배경으로 사진을 찍고, 악기 연주를 하거나 피자와 양고기를 먹으며 우주여행을 즐겼습니다.

그리고 스페이스X처럼 민간인을 대상으로 하는 우주여행 사업은 2022년에 본격화된다는 점입니다. 그동안 2021년까지는 시운전 내지는 테스트 수준에 지나지 않은 것입니다. 2022년엔 바야흐로 본격적인 우주여행 시대가 개막되는 것이라고도 할 것입니다. 이 책이 출간된 시점에서 불과 몇 개월 남지 않은 시점이기도 하겠지요.

그렇다면 2022년은 우주여행 붐이 활성화되면서 지구적 관심사가 우주로 몰릴 가능성이 큽니다. 그래서인지 미 국방부에서는 리처드 브랜슨 회장이 날아오르기 전 한 달도 안 남겨둔 시점에 UFO 정체에 대해 보고서를 공개한 것일 수도 있는 것이고요. 우주여행이 활성화되다 보면 UFO 정체에 대해 진실이 드러날 것이기 때문이니까요.

어찌 되었든 바야흐로 2022년은 우주여행 관련 뉴스들이 세계의 모든 언론을 장식하면서 지구를 벗어나 우주로 시야를 돌리는 시발점이 될 것입니다. 전 지구적 관심사가 우주로 향하게 되는 순간입니다. 그 선두에 미국과 영국 기업인들이 앞장서 있다는 사실이, 우리나라 기업이나 한국인의 이름이 대표적으로 거론되지 않는 점에 대해선 안타깝지만 말이죠.

그런데 우리나라는 2022년에 대선이 있습니다.

한국의 대통령 후보가 우주여행에 대한 비전을 내놓지 않을 수가 없을 것입니다. 지구적 관심사가 우주로 향하는 시기, 한국의 대통령 후보가 우주여행 관련 정책에 대해 비전을 내세우는 것은 너무나 당연한 수순입니다. '우주'라는 이슈에 한국인들도 자연스레 동참하게 되는 것은 당연하겠죠.

그래서 2022년에는 우주여행 관련 보험상품, 우주여행 관련 패션브랜드가 등장하고, 우주여행 관련 커뮤니티와 각종 SNS에서는 실시간 우주여행 방송을 하게 될 것입니다. 우주정거장에 근무하는 우주인과 트위터를 하는 수준이 아닌, 유튜버가 우주선을 타고 이륙부터 귀환까지 전 과정을 중계하면서 우주여행에 대한 사람들의 관심사가 급속도로 확산될 수 있을 것입니다. 인터넷으로 확산되는 전 지구적 관심사, 우주여행 아이템이 등장하는 시기입니다.

그러므로 2022년 트렌드는 'Space Tour(우주여행)'입니다.

코로나 사태로 답답함을 호소하던 사람들이 우주로 눈을 돌리고, 온난화로 몸살을 앓는 지구환경 대비 새로운 우주 환경에 대해 눈을 돌리게 된 것입니다.

그 결과, 기업들이 어떠한 이벤트 프로모션을 열더라도 소비자들 눈에는 기가 차지 않습니다. 우주여행 가는 시대에 어떤 것도 매력적이지 않습니다. 아파트를 준다거나 자동차를 준다거나, 심지어 수십억 원 복권에 당첨되더라도 소비자의 눈에 차지 않습니다. 기업들의 프로모션에 대전환이 필요하게 됩니다.

발 빠른 각국 리더들은 국민들에게 우주 비전을 선사하며 각 나라의 젊은이들은 우주 탐사, 우주인, 우주기술자 관련 학과들로 지원자가 증가하게 됩니다. 기업들도 이에 따라옵니다. 아니, 따라와야 합니다. 왜냐고요? 젊은 소비자들이 이동하니까요. 각국 리더가 움직이니까요. 지구의 삶 대신 우주를 향해 욕망을 불태웁니다. 우주로 향하는 소비자들이 생겼습니다.

Consumer Escaping to The Space

우주여행이 일상이 되면서 UFO에 대한 실체 탐구에 나서는 이들도 늘어납니다. 그동안 숨겨지고 감춰진 것은 없는지, 이제 돈만 내면 누구라도 우주를 만날 수 있는 시대엔 오래된 기밀이 사라지고 오로지 진실만이 인정받는 시대가 될 것입니다. 제4차 산업혁명을 넘어 제5차 산업혁명이 개시됩니다.

우주에 존재하는 광활한 자원들, 우주에서 경험할 수 있는 미지의 삶, 우주를 개척하는 사람들과 기업들이 증가하면서 과학의 이론이 바뀌고 다수의 기존 학설들이 뒤집히게 될 것입니다. 사람들은 실체적 우주에 다가가게 되면서 그동안 지구에 존재하던 각종 이론들은 더 이상 설 수 있는 자리(가치있게 보일 수 있는 명목)가 줄어들 것입니다.

증기기관 등장으로 인한 산업혁명, 비행기 등장으로 인한 산업혁명, 원자력 등장으로 인한 산업혁명, 컴퓨터 등장으로 인한 산업혁명, 인터넷 등장으로 인한 산업혁명 등이 과거라면 2022년부터는 새롭게 우주로 향하는 산업혁명 시대가 됩니다. 우주혁명이라고 부를 수도 있겠습니다.

다만, 2022년 '우주여행' 트렌드에는 선결해야 할 부분들이 있는데, 우주여행객을 실어나를 우주선 제작, 우주여행에서의 안전, 우주여행 비용, 우주선을 조종할 조종사 확보, 우주여행 관련 전문가 확보 등입니다.

어떤 기술로 만들 것인지, 우주 관련 기술표준이 있는지, 우주 여행선은 지구의 어디에서 발사할 것인지, 어느 곳까지 여행할 것인지, 어떤 재료로 우주선을 제작할 것인지, 우주여행 취재는 어떤 기자가 할 것인지, 우주여행 시 돌발적 비상사태에 충분히 준비되어 있는지, 우주에서 사용할 화폐는 어느 나라 화폐를 사용할지, 우주에서의 법률은 어떤 법이고 우주법에 대해선 누가 판결할지, 우주 관련 기술은 어느 나라의 기술이 특허를 가졌는지, 각국에서 보유한 우주 기술을 공유할 수 있을 것인지 등에 대해 사전 대처가 필요합니다.

이러한 과정을 거치면 거칠수록 우주여행 및 우주에 대한 관심사가 폭증할 것이고 각종 비즈니스 교류가 폭증하게 됩니다. 우주여행의 단초가 2022년이라면 2022년이야말로 원대한 우주 비즈니스의 시작점이 되는 것입니다.

그러므로 각 기업은 더 늦기 전에 '우주여행 시대에 따른 비즈니스를 창출'해야만 합니다. 우주로 향해! 지구를 탈출하는 소비자들을 따라 모기업은 지구에, 자회사는 우주에 진출하는 구조도 좋습니다. 우주여행이란 게 그저 다른 나라의 재벌들이 펼치는 '돈질'하는 이벤트라고 간과할 게 아닙니다. 우주여행이 잘 되면 나중에 따라잡으면 된다(패스트 팔로워: Fast Follower)고 관망할 게 아닙니다. 오랜 시간 거쳐온 우주여행 비즈니스가 전 지구적 관심사와 더불어 무한한 비즈니스 가능성으로 확산되는 원년이 2022년이기 때문입니다.

큰돈이 작은 돈을 부릅니다.

우주여행에 나서는 사람들이 부유층이라는 사실만으로도 비즈니스가 되는 것입니다. 우주여행에 나서는 사람들을 대상으로 보험사업, 은행업, 자금 이체사업, 패션사업, 안전대비사업, 우주기술 지도사업, 우주에서의 식료품 사업, 건강관리사업 등 무한한 사업 아이템들이 등장할 수 있기 때문입니다.

부유층이 돈을 쓰면 다른 사람들의 돈도 따라갑니다. 시가총액 1위 기업의 경영이 신뢰를 얻는 것처럼 부유층의 돈은 신뢰를 동반합니다. 단, 수익을 만들기 위한 돈으로 쓰여야 합니다. 그래야 돈의 이동에 따라 회사가 생기고 직원들이 채용됩니다. 국가 경제가 발전하고 국민총생산이 늘어납니다. 국가 간 교류가 생기고 무역거래가 활발해집니다. 각국 화폐가 오고 가고 조선업이 호황을 얻습니다. 전자기술 정보통신 기술이 교류됩니다.

이처럼 일부 부유층에서 시작된 우주여행 관련 비즈니스가 사람들에게 급속도로 파급되고 확산될 수 있습니다. 기술을 선점하고 관련 상품을 시장에 미리 출시해야 합니다. 우주여행 비즈니스에서 만큼은 선도하는 기업이 없다고 봐도 무방하기 때문입니다. 2022년의 우주여행 트렌드, 더 이상 놓쳐서는 안 되는 기회인 것입니다.

올드 스페이스(Old Space)에서 뉴 스페이스(New Space)로!

말씀드리면, 지난 2020년 5월 31일 오전 10시 16분(현지시간), 미국의 민간 우주탐사업체 '스페이스X'가 쏘아 올린 유인 우주선 '크루 드래곤'이 국제우주정거장(ISS)에 도착해 도킹(결합)에까지 성공하였는데, 군사용이나 국가 이미지 제고에 집중했던 올드 스페이스에서 벗어나 민간 투자 유입이 이뤄지는 뉴 스페이스로 접목한 시점이 2020년인 것이죠.

그런데 우리나라 우주산업 규모는 어떨까요?

지난 2017년을 기준으로 3조 3,393억 원으로 동 시점 세계 우주시장 규모인 2,685억 달러의 약 1.1%[1)]에 해당합니다. 세계 우주 시장 규모에 비해 턱없이 부족한 상태로 보이시나요? 아니죠! 세계 우주 시장에서 더 큰 성장 가능성을 갖고 있는 분야라고 생각합니다. 세계 우주 시장 규모에서 1.1%라는 건 다시 말하면 앞으로 얼마든지 성장할 가능성이 크다는 것을 의미하는 것입니다.

말씀드리면, 1990년에 시작된 우리나라의 우주개발은 1992년 남미 쿠루기지에서 우리나라 소유 최초 위성인 우리별 1호를 시작으로 1995년에 무궁화 1호, 1996년에 무궁화 2호, 1999년에 무궁화 3호가 발사되었는데, 2000년에는 러시아와 공동으로 과학기술부(과학기술정보통신부)가 우주여행자 양성계획(한국 우주인 배출 사업·KAP)에 의해 2006년에 이르러 고산 씨, 이소연 씨를 우주인 후보로 선출, 이소연 씨가 한국인 최

---

1) 2019년 과학기술정책연구원(STEPI), '뉴스페이스 시대, 국내 우주산업 현황 진단과 정책대응' (안형준·박현준·이혁·오승환·김은정)

초 우주인으로 발탁됐던 경험이 있습니다. 유인 우주인으로서 36번째로 배출해낸 국가가 된 것이죠.

그리고 2020년 2월, 남미 프랑스령 기아나 우주센터에서 우리나라의 독자 기술로 개발한 천리안 2B호를 발사하였는데, 환경 및 해양관측 정지 궤도위성으로서 이러한 사례는 세계에서 최초입니다.

이어서 2020년 3월에 과기정통부는 제33회 우주개발진흥실무위원회를 개최해서 '우주 탐사'를 위주로 전년 대비 6.4% 증가한 6,158억 원 규모의 우주기술 개발 계획을 확정했는데, 2022년 7월에 달 궤도선을 발사할 계획입니다. 다만, 우리나라에서 자체 개발한 우주선은 아니고 '스페이스X'사에서 개발한 발사체 '팔콘9'을 활용한 것이라고 하죠.

이처럼 우주개발을 주도하는 외국 기업들은 행성 탐사, 탐사선 운송을

자료 출처 | 한국항공우주연구원 www.kari.re.kr/kor/sub03_02_02.do#link

위한 발사체 개발 등에 주력하는데, 2017년 기준 민간기업이 발사한 우주발사체 수는 미국과 유럽이 주도하였고 총 41회에 달합니다. 이 가운데 '스페이스X'는 상업 목적의 우주발사체 시장에서 2020년 기준 44%에 달하는 점유율을 갖고 있기도 합니다.

「제3차 우주개발 진흥 기본계획」에 따르면 2013년에 수립된 「우주개발 중장기계획(14~40)」 이후 정부 5년(18~22)의 우주개발 계획을 구체화하고 2040년까지의 비전과 목표도 제시하고 있는데, 국가 위상 제고나 경제발전 강조에서 탈피하여, '국민의 안전과 삶의 질 향상'에 최종 지향점을 두고 추진하면서 우주에 대한 지속적인 도전과 함께 국민의 안전과 삶의 질에 기여하는 실리적이고 현실적인 우주개발의 조화를 고려하겠다고 하였습니다.

구체적인 추진 전략으로는 ①우주발사체 기술자립, ②인공위성 활용서비스 및 개발 고도화, ③우주탐사 시작, ④한국형위성항법시스템(KPS) 구축, ⑤우주혁신 생태계 조성, ⑥우주산업 육성과 우주일자리 창출로 구성되는 6대 중점 분야[2)]입니다.

그렇다면 2040년에 사회에 진출하여 우주개발에 노력할 성인들이라면 2022년 시점엔 초등학생을 비롯한 중고등학생에 해당된다고 할 것이고, 2022년에 초중등, 고등학생들을 대상으로 우주 관련 교육을 강화해서 2040년에 국가 전략계획에 따라 인력 배치가 가능하도록 해야 할 것이겠죠.

---

2) 제3차 우주개발진흥기본계획(과학기술정보통신부, 2018. 2. 5.(월), 거대공공연구정책과)

결론적으로, 우주로 향하는 소비자들을 따라 기업들이 움직여야 하는 시대, 2022년의 우주여행 트렌드는 관련 인력 육성과 국가적 전략 수립으로 우주 관련 각종 비즈니스가 창출되는 시점이 되는 것입니다.

Trend:

플랫폼(Platform)

↳ 사람들의 일상을 지배하다

'플랫폼'은 인간의 노동을 대행하는 비즈니스라고 할 수 있습니다.

'플랫폼'에서 인간은 기기의 디스플레이 화면을 조작하고 필요한 결제만 하면 나머지 노동은 플랫폼에서 알아서 처리해줍니다. 인간은 집에서, 주문장소에서 자기가 하고 싶은 일만 하며 기다리기만 하면 됩니다. 나머지는 플랫폼이 해주니까요. 그래서 인간은 '플랫폼'에 더 빠져들고 더 편리하다고 느낍니다.

플랫폼에 지불하는 가격(비용)이 오르는 것은 크게 문제 삼지 않습니다.

그 시간에 자기가 더 가치 있는 삶을 살면 된다고, 자기가 시간을 얻는 대신 플랫폼에 지불하는 돈은 가치비용이라고 여깁니다. 시간이 흐를수록 인간은 플랫폼에서 살아갑니다.

그래서 플랫폼의 구조는 넓은 의미에서 정부(Government)의 구조에 비유할 수 있습니다. 국민의 삶이 편안하도록 대신 리드해 주는 것이죠. 국민으로선 세금을 내는 가치가 있다고 여길 수 있도록 말이죠. 이러한 평안함에 매료될수록 그 나라의 국민들은 성실하게 세금을 냅니다. 마치 플랫폼에서 주는 안락함에 감흥된 사용자들이 플랫폼에 비용을 지불하면서 그 안락함을 계속 유지하고 싶은 마음처럼 말이죠.

플랫폼은 시간이 흐를수록 사람들의 일상 속으로 파고듭니다.

처음엔 티를 안 냅니다.

택시면 택시, 배달이면 배달, 극장이면 극장, 사람들에게 필요한 한 가지를 파고들어 자기만의 사업영역으로 확대합니다. 그 분야에서만큼은 지배적 사업자가 되고자 합니다. 어마어마한 자금을 쏟아붓습니다. 돈이 없으면 불가능한 거 아니냐고요? 물론입니다. 하지만 플랫폼의 비전은 사람들이 귀찮아하는 '노동(움직임)'을 얼마나 손쉽게 대행해주느냐에 달린 것이고, 또한, 사람들이 좋아하는 '쾌락(즐거움)'을 얼마나 쉽게 많이 줄 수 있느냐에 달린 것이기에 투자자가 밀려듭니다. 돈 걱정할 틈이 없습니다.

지금 당장 손해를 보고 적자가 나더라도 사람들이 모이고 떠나지 않는다면 그 플랫폼은 손해가 아니라 수익을 보고 있는 것이니까요. 이러한 플랫폼에 돈이 부족하다? 곧바로 투자자가 나섭니다. 그 투자자는 플랫폼의 비전에 대해 익히 알고 있는 상태이니까요.

플랫폼들이 파고드는 사람들의 일상은 상당히 구체적이고 단정적이어야 합니다.

택시면 택시, 음식배달이면 음식배달, 숙박업소 예약이면 숙박업소 예약입니다. 중고마켓이면 중고마켓인 것과 같습니다. 플랫폼은 무엇보다도 사람들의 일상이 시장입니다. 그래서 사람들의 일상을 파고듭니다. 사람들이 일상에서 불편하게 느끼는 것은 무엇인지, 사람들이 일상에서 다른 사람이 해주었으면 하고 바라는 게 무엇인지, 사람들이 자기들도 모르게 참고 지내던 게 무엇인지 연구하고 고민합니다. 사람들의 일상을 파고들어 플랫폼을 새로 론칭하고 사람들을 끌어들입니다.

그런데 플랫폼에서 일하는 노동자들이 있습니다.

배달플랫폼에서 배달하는 사람들이고, 쇼핑플랫폼에서 물건정리, 택배하는 노동자들이고, 택시플랫폼에서 택시 운전자들입니다. 부동산 플랫폼에서 부동산 매물을 사진 찍고 소개하는 노동자들이 있고, 유흥플랫폼에서 숙박업소를 운영하는 사업주들이 이들입니다. 이들은 플랫폼에 정식 고용된 것이 아니라서 직원은 아닙니다만 플랫폼과 계약을 맺고 자발적으로 근무하는 사람들이기에 개인회사격 대표이자 플랫폼의 거래업체 사장이자 자영업자가 되기도 하는 것이죠.

가령, 배달플랫폼에선 사용자들이 주문하면 이 주문을 받아 노동을 대행하고 돈을 지급받는 사람들입니다. 이들의 거버넌스는 '인스턴트'입니다. 대단히 자유롭고 자발적인 근무관리를 합니다. 많이 일할수록 많은 돈을 받습니다. 이들의 노동 상태를 구분 짓자면 자율적, 선택적, 자기충족형 근무체제라고 할 수 있습니다. 누가 업무를 이렇게 해라! 저렇게 해라! 간섭하고 터치할 것도 없습니다.

소비자와의 분쟁이 생기면 플랫폼에서 제재가 들어올 뿐입니다.
노동에 대한 대가가 줄어들죠.

반면에 플랫폼 사용자들은 플랫폼의 주인격으로 변모합니다. 돈을 내고 플랫폼을 부리는 입장으로 생각합니다. 플랫폼 노동자들은 사용자들이 내는 돈을 받고 음식을 만들고, 배달을 하는 직원들로 인식하게 됩니다. 플랫폼 내에서 사용자, 배송노동자, 플랫폼 직원으로 세분할 되는 것입니다. 그래서 플랫폼이 발전할수록 기업체 회사원들의 삶이 변화되고 플랫폼의 알고리즘이 파악될수록 기업들의 발전이 더뎌집니다.

플랫폼 특성(배달 앱에서 광고 따기로 상단 점령 경우 등)에 따라 부익부 현상이 생깁니다. '위너스 테이크 올(Winners take all) → 머니 테이크 올(Money take all)'이 됩니다. 돈을 가진 자들이 플랫폼이 만든 시장을 지배하게 되고 플랫폼은 '돈을 가진 자' 위주로 움직이게 됩니다. 플랫폼 입장에선 수익 창출이 목적이고 수익 창출만 된다면 시스템을 바꿀 이유는 없습니다. 목적 달성이 된 것이니까요.

플랫폼에서는 또 다른 피라미드 구조가 생겨납니다. 부자 기업(자영업자)이 살아남고 그 외 기업(자영업자)이 소멸되거나 부자 기업의 프랜차이즈 또는 종속화 노동자가 되는 것이지요.

이러한 '플랫폼'이란 과연 무엇일까요?

플랫폼(platform)이란 '기차역에서 사람들이 기차를 타고 내리는 장소'라고 부를 수 있는데, 영어 플랫(plat)이란 단어와 형태, 모습(form)이란 단어가 합쳐져서 이룬 단어입니다. 플랫폼 하면 기차역 플랫폼이라고 떠올리는 이유입니다.

이를 통해 인터넷비즈니스 분야로 확장하면 '플랫폼'이란 인터넷상에 만들어진 '편리한 장소'라고 볼 수 있고, 인터넷상에서 판매자와 소비자가 만나는 장소라고도 이해할 수 있습니다. 가령, 현실 세계에선 우리가 가게를 가더라도 집을 나서서 길을 걸어서 가게까지 가야 하는데, 인터넷상에서는 이러한 모든 중간 과정이 생략되고 소비자가 가게에 판매자랑 직접 맞닿는 곳이란 의미가 될 수 있습니다.

공간적으로나 시간적으로 중간 과정이 사라진, 소비자가 가게 안으로 즉각적으로 닿을 수 있는 곳이라고 이해합니다. 소비자의 편이성을 극대화하는 이러한 과정을 거쳐 플랫폼 비즈니스가 탄생하고 확장되어왔다고 볼 수 있습니다.

그래서 세상에는 많은 플랫폼, 즉 '소프트웨어 플랫폼', '하드웨어 플랫폼', '서비스 플랫폼' 등이 있는데 넓은 개념으로는 상인과 손님이 모여 거래할 수 있게 만든 '장터'라는 곳도 플랫폼이라고 할 수 있습니다. 한 마디로 사람들이 모여 자유롭게 무언가를 거래할 수 있는 곳이라고 하면 플랫폼이라고 부를 수 있는 것이죠.

예를 들어, 동영상을 모은 웹사이트를 동영상 플랫폼이라고 부를 수 있고, 음식배달 서비스를 하는 웹사이트를 배달플랫폼, 콘서트나 공연 표를 판매하는 웹사이트를 티켓플랫폼, 사회 관계망 서비스를 하는 웹사이트로 페이스북이나 인스타그램은 서비스플랫폼이라고 부를 수 있습니다.

또한, 애플社의 앱스토어(AppStore)에는 2019년 기준 약 200만 개 이상의 앱이 등록되어 있는데 앱스토어를 가리켜 '앱 플랫폼'이라고 부를 수 있죠. 또 있습니다. 자신의 집을 공유하는 플랫폼도 있고, 택시를 부를 수 있는 플랫폼도 있죠. 사무실을 공유하는 플랫폼도 있고, 플랫폼의 종류는 무궁무진하다고 할 수 있습니다.

플랫폼에서 가장 중요한 것은 무엇일까요?

기차플랫폼을 예로 들어 보죠.

기차역에는 승객들이 표를 사고 옵니다. 기차를 타러 오죠. 기차플랫폼에는 기차가 옵니다. 승객을 태우러 오죠. 그리고 정해진 철도를 타고 목적지로 향합니다. 승객들은 각자의 목적지에 내리거나 다시 기차에 탑니다.

기차플랫폼에서는 이처럼 승객과 기차가 우선되고 기차와 승객들 사이엔 철도, 기차표, 돈이 필요합니다. 땅도 필요하죠? 철도가 놓인 땅도 되고 승객이 기차를 타는 땅도 됩니다. 여기서 플랫폼이란 기차가 설 수 있는 땅, 승객이 기차를 탈 수 있는 땅, 승객이 기차표를 살 수 있는 매표소가 있는 땅, 승객에게 표를 판매하는 땅을 포함하여 이러한 행위가 이뤄지는 공간이라고 할 것입니다.

그래서 플랫폼에서는 기차가 필요하고 승객이 필요하죠. 그리고 기차와 승객 사이에 거래가 이뤄지도록 돈을 거래하는 방법이 필요합니다.

기차, 승객, 돈이죠.

다시 말해서, 기차와 승객이 모여 돈을 주고받아 거래하는 곳이 플랫폼이고, 플랫폼에서 가장 중요한 것은 기차와 승객이 거래할 수 있는 시스템(규정과 기술)이 되는 것입니다.

온라인에서라면, 음식배달플랫폼을 예로 들어, 식당에서 판매할 음식과 음식을 주문할 고객이 모여 돈을 주고받아 거래할 수 있는 시스템을 갖춘 가상의 공간이라고 할 것입니다.

그래서 이러한 플랫폼에서는 음식 주문과 배달, 대리운전, 퀵배달, 집안일 서비스, 통역, 번역, 청소대행, 웹사이트 제작, 집필, 교정교열, 과외, 식당 아르바이트 등 업종을 가리지 않고 대부분의 품목에 대해 플랫폼 구축과 운영이 가능한 것입니다.

그런데, 2020년 6월 고용노동부에서는 2022년까지 플랫폼 노동자에게도 고용보험 적용을 확산시켜 나가기로 했다고 밝혔습니다. 이를테면, 음식배달 플랫폼에서 배달업무에 종사하는 사람들에게 고용보험이 적용된다는 의미인 것이죠.

이 이야기는 플랫폼에서 일하는 사람들이 정식 직업군에 포함된다는 것이고 플랫폼 노동이 나라로부터 일정 부분 보호 직종에 포함된다는 의미이기도 할 것입니다. 다시 말해서, 플랫폼 기업과 플랫폼을 기반으로 일하는 모든 사람들이 법규 테두리 안으로 들어온다는 것인데, 그동안 고용보험 혜택을 받지 못하던 사람들이 보호를 받게 된다는 의미, 플랫폼 노동자가 확산되고 플랫폼 업무가 법의 테두리 안에서 운영된다는 것과 같습니다.

즉, 자유 노동직이라고 하여 플랫폼 노동자들은 그동안 자기 의사대로 일하고 싶을 때 일하고 쉴 때 쉬는 업무를 진행했는데, 2022년부터는 그러한 모습보다는 체계적으로 안정된 업무를 수행하게 될 수 있다는 것입니다.

어떤 현상이 벌어질까요?

플랫폼 노동자가 늘어나는데, 타 직군에 근무하던 사람들도 대거 플랫폼 직종으로 흡수될 수 있다는 예상이 가능합니다. 고용보험의 혜택이란 것은 실업급여가 수반되는 것이라서 노동의 질이 향상되고 노동자들에 대한 처우가 개선된다는 의미이거든요.

고용보험이라는 사회적 안전망에 포함되지 못하던 사람들이 플랫폼 노동으로 유입되겠죠. 결과적으로 라이더, 택배기사, 플랫폼 종사자들에 대한 사회적 처우가 개선되는 것이죠. 일하는데 사회적 처우가 좋아진다는 것은 일하는 사람들이 안정감을 갖고 근무할 수 있게 되는 것이고, 고객을 대하는 서비스가 개선된다는 것이기도 하죠.

그럴수록 플랫폼을 이용하는 고객이 증가하고 플랫폼에서 일하는 사람들이 늘어나겠죠. 결과적으로 플랫폼이 더욱 확산되고 확장된다는 것, 우리의 일상 속으로 들어오는 플랫폼들이 늘어난다는 것입니다.

Trend:

커뮤니티 팬덤(Community Fandom)

↳ 정치적 여론 형성의 주춧돌로 성장하다

2021년 일본 도쿄에서는 '2020 도쿄 올림픽'이 개최되었습니다.

이번 올림픽에서도 한국 선수들의 독보적 기량발휘가 돋보였는데 금메달을 획득한 선수들의 경기를 지켜본 한국 국민들은 해당 선수들이 금메달을 딸 때마다 선수들의 SNS로 가서 열렬한 환호를 보냈습니다.

특히 올림픽에서 몇몇 종목 만큼은 한국 시합이 세계 챔피언 결정전이라고 할 정도로 한국 선수들의 기량이 월등한 것이 사실입니다만 그래도 국가대표 선수들이 겨루는 올림픽에서 자기 기량을 발휘하는 것만 해도 벅찬 일인데 금메달을 딴다는 것은 큰 경사이기 때문입니다.

그런데 당시 모 선수의 SNS로 몰려간 사람들은 선수의 옛 사진들을 보며 응원 메시지로 댓글을 달다가 그 선수의 짧은 헤어스타일의 사진을 발견하였고 다른 게시물에서는 젠더 갈등에서 사용되는 단어로 유추될 수 있는 글을 발견, 선수를 축하하러 온 네티즌들은 어느새 부류가 나뉘게 됩니다.

젠더 갈등으로 생각한 사람들과 그 반대의 사람들로 양분되다시피 하였죠. 이에 대한 사람들의 지적이 생기고 사실 여부에 관계없이 선수를 옹호하는 사람들이 온라인상에서 격론을 벌이면서 이와 관련된 뉴스가 언론에 오르내리기도 하였습니다.

이 당시 상황을 지켜본 바에 따르면 쉽게 가라앉지 않은 격론의 무대는 여러 커뮤니티로 옮겨 회원들 간의 토론이 이어지게 되었습니다. 커뮤니티 팬덤의 형성과 반목에 대한 이야기를 하려고 합니다.

팬덤은 스타를 좋아하는 팬들의 모임이라고 말할 수 있습니다.
팬클럽이라고 불러도 됩니다.
팬들의 무리, 팬들의 행동이라고 일컫기도 합니다.

그래서 스타들은 자신의 팬덤에 따라 인기를 확산시키기도 하고 팬덤 여하에 따라 인기를 가늠하는 척도로 삼기도 합니다. 대표적으로 BTS가 있죠.

이러한 팬덤은 스타들의 노래나 말투, 유행어, 스타가 출연한 영화, 연극, 드라마, 광고 등을 통해 형성되는데, 올림픽 같은 국가 간 스포츠시합이 열리는 이벤트가 있으면 국가대표 선수들에 대해 팬덤이 생기기도 합니다.

커뮤니티와 팬덤에 대해 알아보기 전에, 먼저 스타의 탄생과 팬덤 구축에 대해 짚고 가자면, 2020년대에 들어와서도 스타와 팬덤은 존재하되 팬덤의 형성과 스타 탄생의 과정은 약간 달라졌다는 것을 알 수 있습니다.

예를 들어, 과거의 스타 탄생에 있어서 TV 방송국의 힘이 막강했습니다. TV 방송국의 프로그램을 제작하는 연출자들의 권위도 강했습니다. 프로그램을 만들 때 어느 연예인을 출연시키느냐에 따라 스타가 되고 안 되고가 결정되었습니다.

그래서 모 연예인은 드라마 한 편에 출연하고 나서 스타가 되자 사람들에게 말하기를 "여러분, 저는 운이 좋아서 순서에 들어 스타가 되었습니다"라고 고백(?)한 일도 있습니다. TV 방송국에서는 누구를 스타로 띄울지 순서가 정해져 있다는 것을 은연중에 피력한 것입니다.

실제로, 스타가 드라마의 인기를 좌우한다고 할 때, TV 방송국에서는 스타가 탄생해야 드라마 시청률이 올라가고 광고가 붙으므로 스타 탄생에 적극적이어야 하는 이유도 있습니다. TV 방송국에서 드라마를 제작하는데 스타가 탄생하지 않는다면 광고주들이 광고를 붙이지 않으려고 할 테니까요.

당시에는 TV 방송국의 프로듀서들의 힘도 막강했고, 영화제작사 대표, 영화감독, 영화 제작자, 스포츠신문 기자 등 스타를 만들 수 있는, 스타 탄생의 힘을 가진 사람들이 있었습니다.

이 시기에 스타가 탄생하면 팬들은 스타를 만날 수 있는 방법이 극히 제한적이었죠. 팬미팅에 가는 것 외에는 스타를 직접 만날 수 있는 방법이 없었습니다. TV 방송프로그램의 시청자 게시판에 글을 남기거나 가요프로그램 방청을 해서 스타를 응원하거나 하는 정도였습니다. 스타에게 메시지를 보내는 방법은 주로 팬레터를 써서 우편으로 부치는 게 일이었습니다.

그런데 인터넷이 도입되고 나서부터는 TV 방송이 아니더라도 스타가 될 수 있는 경로가 생기면서 SNS 등을 통한 스타와 팬의 직접 만남이 가능했습니다.

트위터, 페이스북, 인스타그램, 블로그, 유튜브, 팬카페 등의 경로(?)들이 많이 생겼습니다. 팬들은 자기가 좋아하는 스타를 찾아 팬카페에 가입하거나, 인스타그램에서 맞팔을 하거나, 유튜브 방송을 시청하거나 트위터나 인스타그램 등에서 다이렉트 메시지를 보내서 직접 소통을 할 수도 있게 되었습니다.

스타와 팬이 가까워지자 팬들의 행동도 더욱 적극적이 되었는데, 스타가 출연하는 드라마나 가요프로그램의 시청자 게시판에 가서 스타를 응원하는 메시지를 남기기도 하고, 인기곡 투표 이벤트에서는 좋아하는 스타에게 직접 투표하기도 하였습니다. 스타들로서도 팬들의 행동이 구체적이고 단체화되면서 팬들과 더욱 가깝게 지내는 행보를 보인 것도 이 시기입니다.

그러자 기획사나 스타들의 소속사에서는 스타를 키우는데 있어서 팬덤을 적극 활용하게 됩니다. 데뷔하지 않은 연습생임에도 팬덤을 조직해서 팬카페를 개설하고 데뷔하기 전부터 팬들과 소통하게 만들기도 하였고, 스타들에게는 팬덤과 소통하는 SNS 계정을 만들어서 직접 소통에 나서게 하거나 전담 직원을 배치해서 스타들의 SNS를 관리하게 했습니다.

스타의 스케줄을 공유하고 공연장, 사인회, 굿즈 출시, 드라마 출연 소식, 영화 출연 소식, 앨범 발매 소식 등을 팬들과 공유하며 각 행사장이나 이벤트에서 스타의 인기를 보여줄 수 있게 팬들을 동원하기도 했습니다.

가요프로그램에 팬들을 오게 해서 가수를 응원하게 해주는 일들도 많았습니다. 앨범 발매를 앞두고는 팬들과 함께 앨범 발매와 동시에 구매하는 이벤트도 열곤 하였습니다. 그 가수는 앨범 발매와 동시에 순위 급등이라는 보도자료를 만들기도 하였고요. 유튜브 동영상 조회수를 높이는데도 팬들이 참여하기도 하였던 것이죠.

그 다음은 '커뮤니티 팬덤'입니다.

인터넷상에 온라인게임 커뮤니티, 유머 커뮤니티, 지역 맘카페, 콘솔게임 커뮤니티, 카메라 커뮤니티, 자동차 커뮤니티 등이 생기고 사람들이 몰려들자 기획사와 스타들의 소속사에서는 온라인 마케팅팀을 꾸려 각종 커뮤니티에 가입한 후 소속 스타들의 마케팅을 하기 시작합니다.

활동 모습을 올리거나 노래를 소개하거나 커뮤니티에서 스타가 거론되도록 하는 게 주요 일이었습니다. 커뮤니티에서 팬덤이 형성되도록 하는 게 핵심이었던 것이죠.

스타들의 소속사에서 커뮤니티로 마케팅을 집중하게 된 계기는 오래

전부터이지만 각 포털에서 연예 면이나 영화 면에 연예인 관련 기사에 댓글을 금지하면서부터 커뮤니티 마케팅에 집중하게 된 측면이 있습니다. 포털사이트에서 연예인 홍보 기회가 줄어들면서 그 부족분을 커뮤니티로 옮겨 화력(?)을 집중할 수 있던 것이죠.

일명, 연예인의 밥줄은 '댓글'이요, 월급은 '조회수'라는 이야기가 흘러나온 시기입니다. '악플보다 무서운 건 무플'이라는 얘기도 했죠. 연예인은 인기(인지도)를 먹고 사는데 연예인 관련 뉴스에 댓글이 없으면 그만큼 사람들의 관심이 없는 거라 생각될 수 있는 것이기 때문입니다. 인터넷상에 스타들의 마케팅이 집중되기 시작한 시기입니다.

그런데 2021년, 데뷔 10년차 걸그룹에게 기적 같은 일이 생깁니다.

군부대 위문공연을 주로 하던 이 걸그룹에게 유튜브에서 누군가 올린 걸그룹의 활동 영상이 인기를 끌고 널리 알려지게 된 사건(?)이 생긴 것이죠.

그 걸그룹은 '브레이브 걸스', 노래는 '롤린'입니다.

일명, 가오리 춤이라는 동작이 화제가 되었는데요. 이 걸그룹을 대중 앞에 불러 세워준 건 사실 군인들의 힘이었다고 봐야 합니다. 군부대 위문공연을 다니며 군인들과 어울리던 이 걸그룹에게 현역군인들과 예비역 군인들이란 든든한 팬덤이 형성되어 있던 것이죠. 유튜브에 올라온 동영상에는 브레이브 걸스의 노래에 올라온 군인들의 댓글이 주목을 받으며 더 널리 알려진 것이기 때문입니다. 음악방송에서 역주행으로 1위까지 달성한 것이죠.

군대 생활을 버틸 수 있었다
이 노래 좋다
자대 전우들이 춤 따라했다
사수에게 전수받고 후임에게 물려줬다

브레이브 걸스를 기억하는 군인들이 유튜브 영상을 보며 조회수를 올리고 TV 프로그램 시청자 게시판을 찾아가서 브레이브 걸스를 알리게 됩니다. 브레이브 걸스 소속사에서는 전혀 예상치 못한 일이었죠. 자체적으로 형성된 팬덤이 음원차트에서 노래를 역주행시키고, 해체까지 고려했던 스타를 다시 연예계로 역주행시켰고 다시 무대 위로 올려준 것이니까요.

그 덕분에 브레이브 걸스는 광고를 촬영하고 각종 프로그램에 출연하고 후속곡 앨범도 발표하는 등 스타로 자리매김할 수 있었습니다. 그 당시 제가 본, 브레이브 걸스의 어느 팬이 남긴 댓글들이 기억나는데요. 그 내용들을 기억나는 대로 옮겨보면 아래와 같습니다.

나의 힘들었던 군대 생활을 버틸 수 있게 해준 브레이브 걸스
정말 잘됐으면 좋겠다
진심이 느껴진다

이 댓글을 본 저조차도 가슴이 뭉클해지고 감동을 받았는데요. 브레이브 걸스나 소속사 직원들, 다른 사람들은 어땠을까요? 특히, 프로그램 연출자들이나 제작진, 광고주들 입장에서는 소비자의 감성을 움직일 수 있게 해준 모델이 탄생한 것 아니겠습니까?

마침 그 무렵, 데뷔 10년차에 극도로 미미하던 성과로 인해 결국 해산을 준비하던 걸그룹으로서는 자체 형성된 팬덤이라는 큰 선물이 주어진 것이죠. 커뮤니티라는 것은 온라인상에서만 만들어지는 게 아니고, 소속사가 만들어야 하는 것도 아니란 걸 알 수 있는 사례가 되었습니다.

이처럼 커뮤니티 팬덤이란 자생적으로도 생기고, 인위적으로도 만들어집니다. 여기서 주목해야 할 점은 팬덤이 스타를 만든다는 것이죠. 과거에는 제작사가 스타를 만들고 연출자가 스타를 만들었다면 이제는 팬덤이 스타를 만든다는 점입니다.

다시 본론으로 돌아와서, 커뮤니티와 팬덤에 대해 이야기합니다.

커뮤니티(community)란 무엇일까요?

여기서 말하는 커뮤니티란 '일정한 모임 취지에 공감하는 사람들의 온라인상 댓글모임'이라고 설명 할 수 있습니다. 일정한 모임 취지란 게임이나 취미, 쇼핑 등의 같은 기호를 지닌 사람들을 모으기 위한 것이고요. 다른 말로 하자면 게임동호회, 자동차동호회, 유머동호회, 요리동호회의 온라인상 댓글모임이라고도 부를 수 있습니다.

그런데 커뮤니티에는 비슷한 성격이나 취미를 지닌 사람들이 모이다 보니 정치적 성향도 비슷한 경우가 있습니다. 그래서 커뮤니티별로 경우에 따라서는 정치게시판을 두고 정치토론을 벌이기도 하죠. 하지만 커뮤니티의 정치 세력화는 언제든 변모 가능하다는 점 때문에 기대와 우려를 동반하는 것인데,

가령, 사회적으로 기득권을 갖추지 못한 점에서의 '정치적 기득권 약

자'들을 위한 동호회인들끼리 모여 이루는 '세력화'라는 데에 장점은 있으나 게시글에 대한 팩트(Fact) 체크가 불충분할 수 있어서 논쟁이나 논조가 쉽게 바뀔 수 있고 획일화될 위험도 있습니다.

또한, 커뮤니티에서의 집단지성의 발현보다는 동조화된 의사에 따라 일정 사용자에 대한 커뮤니티적 여론 뭇매(?) 방식으로 커뮤니티 특성에 맞춘 의견에만 동조화되는 현상이 발생할 우려도 없지 않지요.

어쨌든 여론을 형성하고 같이 동조하는 커뮤니티가 생성되고, 언제든 반복 재생되거나 박제되어 기억될 수 있는 곳이면서 소수의견이 매도될 우려도 공존하는 곳입니다.

그리고 이러한 커뮤니티에는 리더가 있고, 게시글을 자주 올리고 자주 로그인하는 익숙한 아이디가 있고, 각 사용자들마다의 프로필(로그인 횟수, 게시글 목록 등)에 근거한 아이디 역추적 등이 횡행하는 점에서는 커뮤니티에서의 자기주장 개진이 어려운 측면도 분명 있다고 할 수 있습니다.

예를 들어, 내 의견이 이렇다, 그러므로 내 의견이 맞는다고 주장하는 사람들이 있는 반면에 내 의견이 이런데 당신 의견도 이해한다는 의견도 가능하다는 것인데, 내 의견이 이러하니 네 의견은 아니라고 주장하는 사람도 있다는 점입니다.

이런 경우 상대의 프로필을 뒤져서 그 사람이 누구인지, 그동안 어떤 글들을 올렸는지 등을 찾아보고 검색해서 논리적 반박이 아닌, 개인 신상

털기에 나설 수도 있는 곳이 커뮤니티라는 곳이라고 할 것입니다.

가령, 자기주장은 이슈(issue)마다 다를 수 있는 것인데도 커뮤니티에서는 자기주장과 다른 경우엔 또 다른 주제에 대한 그 사용자의 과거 의사 표현을 끄집어내어 재조명 시키거나 집단적으로 공론화하기 위하여 '좌표 설정(다른 사람들도 보도록 글의 URL 주소를 공개하는 것)'하는 등, 편안하게 자기 의견을 개진할 수 있기 어려운 측면도 있고 이러한 점들이 문제시되는 것이기도 하다는 의미입니다.

서양에서는 '인터넷 포럼'이라고 부르는 국내의 '커뮤니티'에는 주로 댓글, 쪽지, 게시글로 소통이 이뤄지는데, 그 종류(순서 무순)로는 인벤, 뽐뿌, 디시인사이드(디씨인), 네이트 판, 에펨코리아, MLB park(엠팍), 인스티즈(인티), 더쿠, 와이고수(와고), 가생이닷컴, SLR club(스르륵), 이토랜드(이토), 보배드림, 오늘의 유머(오유), 82쿡, 클리앙, 루리웹, 웃긴대학(웃대), 도탁스, 이종격투기, 쭉빵카페 등처럼 포털사이트에 개설된 카페도 있고 독자적인 커뮤니티 사이트로 운영되는 곳들도 있습니다.

그리고 2022년 이야기.

기업들은 다음 해 사업계획을 준비하며 필요한 예산을 세웁니다. 그 시점이 매년 11월경입니다. 국내의 주식회사들은 대부분 12월 법인이 많고 12월 법인의 경우 매년 사업성과에 대해 90일 이내에 결산을 하는데, 12월 법인이라면 이듬해 3개월 이내에 결산을 한다는 것이죠.

12월 법인들이 이듬해 2월 무렵에 주주총회를 여는 것도 같은 이유입니다. 주주총회를 거쳐 안건으로 상정된 사업계획과 예산에 대해 승인하는 절차를 거치는 것입니다. 즉, 국내의 많은 주식회사들의 2022년 예산이 2021년 11월에 결정된다는 것이고, 예산 집행은 2022년 3월부터 사업계획에 따라 지출되는 것이죠.

다시 말해서 2021년에 커뮤니티 팬덤에 대해 매출 면에서 큰 성과를 익히 체험한 기업들로서는 2022년 사업계획서에 커뮤니티 팬덤 관련 마케팅 계획과 예산을 세우게 된다는 것입니다. 2021년에 생긴 돌발상황이지만 오히려 소비자를 대상으로 그 효과를 입증받은 사례에 대해 착실한 준비를 해두는 것입니다. 커뮤니티 팬덤이 트렌드로 등장하게 된 2022년이 기다려집니다.

Trend:

가상초격차(Virture Super Gap)

↳ 가상세계로 옮겨간 뛰어넘을 수 없는 격차

초격차란 '추월할 수 없는 간극'이라고 설명할 수 있습니다.

1위 기업과 2위 기업이 있을 경우에 그 사이의 간격이 월등하므로 2위 기업이 1위 기업을 따라잡을 수 없는 상황, 1위 기업과 2위 기업은 초격차가 있다고 이해할 수 있죠.

국내에서는 '초격차'라는 용어가 널리 알려진 것은 [초격차 넘볼 수 없는 차이를 만드는 격[3]]이라는 책에서 '넘볼 수 없는 차이를 만드는 격'으로 설명되었습니다.

---

3) 초격차 넘볼 수 없는 차이를 만드는 격, 권오현 저/김상근 정리 | 쌤앤파커스 | 2018년 09월 10일

그런데 '초격차'에서 '초(超)'의 의미는 다른 사례에서도 찾아볼 수 있는데, '초능력자(超能力者)'라는 단어가 잘 설명해준다고 할 것입니다. '초능력자'란 의미는 '정상적인 사람의 능력을 뛰어넘는 능력을 지닌 사람(출처:고려대한국어대사전)'으로서 정상적인 사람의 능력으로는 이길 수 없는 사람이란 의미가 되겠습니다.

그렇다면 '가상초격차'란 무엇일까요?

현실 세계에서의 초격차가 아닌, '가상의 초격차'를 의미합니다. 가상의 세계에서 추월할 수 없는 간극이라고 설명할 수 있습니다.

글자 그대로, 게임에서 예로 들자면, 캐릭터 사이에 정상적인 능력치(레벨)의 캐릭터를 능가하는 월등한 능력치를 보유한 캐릭터가 되고, 현실 세계에서 설명 불가능한 가상의 초격차를 의미하는 것이기도 합니다.

다시 말해서, 현실 세계에서의 초격차는 시간이 흐르고 기술력이 발달되면 기술력에 따라 간극이 좁혀질 수도 있는 반면에 가상초격차란 현실을 초월하여 가상의 초격차이므로 아무리 노력해도 따라잡을 수 없는 간극이라고 하는 것이죠.

설명을 추가하자면, 현실에서의 초격차는 1위 기업과 2위 기업 사이에, 예를 들어, 기술인력의 이동이나 이직, 전직에 의해 기술력 차이가 좁혀질 수 있는 반면, 가상초격차는 애초에 이러한 격차를 줄일 수 있는 방법이 존재하지 않는 초격차라는 의미입니다. 한마디로 정의하자면, 가상 초격차라는 것은 상상할 수 없는 부분에서까지 이뤄지는 초격차인 것입니다.

1위 기업과 2위 기업이 있다고 해보죠.

2위 기업은 1위 기업을 따라잡기 위하여 어떤 노력을 기울일까요? 연봉을 더 주거나 해서 직원을 스카웃하고 기술을 개발하거나 특허를 출원해서 선점하려고 하죠. 관련 기술을 가진 기업을 인수해서 몸집을 키우려고도 할 것입니다. 1위 기업과 격차를 줄이기 위하여 갖은 노력을 다할 수 있습니다. 만약에 1위 기업이 보유한 특허로 인해 2위 기업과 초격차가 벌어졌다고 하더라도 특허란 게 일정 기간 후에는 권리가 소멸되는 것이라서 2위 기업이 1위 기업의 특허를 사용할 수 있게 되죠.

물론, 1위 기업이 시장지배적 사업자로서 관련 특허를 촘촘히 세워두었다면 2위 기업이 1위 기업을 따라가기가 버거울 순 있습니다. 하지만 그것도 영원하다고 할 수만은 없는 것이죠. 더 나은 기술이 개발될 수도 있고 기타 방법으로는 지분 인수나 인수합병 같은 방법도 강구할 수 있으니까요.

그런데 가상초격차는 애초에 상상할 수 없는 부분까지 초격차를 만드는 전략입니다.

'굳이 이런 부분까지 해야 해?'라고 생각할 수 있는 것을 포함하고, 2위 기업이 도저히 생각하지 못할 부분까지 미리 초격차를 만들어두는 전략입니다. 실제 이뤄지진 않지만 혹시라도, 만에 하나라도 2위 기업이 추진할 수 있는 노력까지도 미리 차단해서 초격차를 만들어두는 것, 그게 가상초격차인 것이죠.

예를 들어 보죠.

2019년 말, 코로나19 사태가 생겼습니다. 2020년 전 세계가 몸살을 앓았고 글로벌 팬데믹 사태를 불러왔습니다. 각 기업들은 재택근무로 전환했고, 각급 학교는 비대면 수업에 나섰습니다. 공연장이 문을 닫고 극장도 문을 닫았습니다. 도시 전체가 셧다운 된 곳들도 생겼습니다. 그러자 여행사들이 폐업을 하고 배달업이 횡횡했습니다. 생필품이 동나기 시작했습니다.

그런데 호황인 업종도 생겼습니다.

비말을 막아주는 마스크가 불티나게 팔렸습니다. 인터넷기업들이 수혜를 입었습니다. 게임 기업들이 매출을 올렸습니다. 각국 의약품제조기업에서는 백신 제조에 나섰고 각국들로부터 백신 공급 요청이 줄을 이었습니다.

그러나 대부분의 경우, 코로나 감염 위험 때문에 공장이 문을 닫은 곳도 생기고 백화점이 문을 닫거나 길거리 가게들도 영업을 줄이거나 문을 닫았습니다. 국내의 경우 관광객들이 넘쳐나던 서울 명동 거리에 공실률이 대폭 증가했습니다. 여러분은 이러한 코로나19 사태를 예상하셨습니까?

가상초격차란 미지의 사태에 대하여 대비해두는 것입니다.

다소 엉뚱하게 들리기도 합니다.

'알 수 없는 것에 대하여 대비하라'는 건데 뭘 알아야 대비를 하지? 아무것도 모르는데 어떻게 대비를 할 수 있다는 것인가?

맞습니다.

아무것도 모르는 상황에선 대비하기 어렵죠. 아니, 불가능하다고 할 것입니다.

그런데 이렇게 생각해보죠.

기업들에겐 예비비라는 게 있습니다. 유보금이라는 것도 있죠. 기업경영에서 무슨 일이 생길지 모르므로 은행에 넣어두는 현금성 자산들이 있습니다. 경영환경이 항상 예측 가능한 것만은 아니기에 예비적으로 뜻하지 않은 상황에 대처할 수 있는 자금을 준비해둡니다. 트렌드 예측의 경우에도 과거에 발생한 일이나 현상 등에 대해 데이터를 분석하여 미래를 예상하는 것이라고 할 것입니다.

그런데 이번 코로나19 사태의 경우에는 전혀 예측할 수 없는 것이라서 기업들의 사전 대비가 불가능하다시피할 정도로 어려웠습니다. 아무도 예상 못 한 팬데믹을 불러왔습니다. 지구촌 경제가 휘청거렸습니다. 많은 기업들이, 자영업자들이 문을 닫았고 많은 사람들이 생활비를 벌고자 배달노동에 뛰어들게 되었습니다.

아무도 예상 못 한 일입니다.

그런데 아이러니하게도 세계에서 유일하게 대한민국엔 UN 산하 기관으로 '국제백신연구소(IVI)'가 있습니다. 물론, 국제백신연구소가 하는 일은 다르겠습니다만, 그래도 미리 알아보고 혹시나 미지의 바이러스가 생겨날 가능성을 염두에 두고 연구진을 확충해두거나 자금을 쌓아두었다면 우리나라에서 가장 먼저 백신을 만들 수 있지 않았을까 생각하게 됩니다.

이처럼 가상초격차는 때로는 황당하고 무모하게 들리는 부분까지 초격차를 만들어두는 것을 의미합니다.

그렇다면 기업에게 있어서 초격차는 어떻게 변할까요?

국민으로서 리더에게 바라는 초격차는요?

이 두 초격차는 기준 잣대가 다를 것입니다.

그래서 2022년에는 가상초격차는 현실에서의 초격차가 온라인 가상 세계에서의 초격차까지 이뤄지는 트렌드가 나올 것입니다. 다만, 현재 게임 속 캐릭터 간 초격차는 무모한 현질(현금성 아이템을 구매해서 캐릭터에 장착해야 능력치가 개선되는)이라고 할 수 있습니다. 능력치를 최대한 발휘해도 현질을 따라가지 못하는 것이라면 가상에서도 돈이 지배하는 것일 뿐입니다. 이러한 것은 가상초격차가 아닙니다.

초격차는 가상초격차로 이전되며 돈에 의한 초격차가 가상머니에 의한 초격차로, 가상초격차를 구성하게 됩니다.

사례를 들어봅니다.

1992년 어떤 사업가가 미국에 들렀다가 묘하게 작동하는 아이템 하나를 발견했습니다. 그리고 한국에 와서 고민하다가 드디어 2000년에 사업체를 세우게 됩니다. 이 아이템을 그냥 두고 보기 아깝다는 생각을 한 것이죠. 막대한 투자가 이뤄집니다. 매년 수천억 원이 적자였습니다. 주위에선 손가락질하고, 욕하고, '쯧쯧' 혀 차고 그랬겠죠? 어디서 생뚱맞은 아이템 하나 발견하더니 그동안 돈 잘 벌던 거 다 날린다고 하겠죠? 이 이야기가 누구의 이야기인지, 어느 회사 이야기인지 아실까요?

네. LG 이야기입니다. 고 구본무 회장 이야기입니다. 충전식 배터리 사업이었죠. LG화학은 2021년 상반기 글로벌 전기차 배터리 시장 점유율 24.2%를 차지, 1위(SNE리서치)를 차지했습니다. 전기자동차 배터리 관련 특허가 1만 7000개에 달합니다.

1992년이면 2022년 기준, 30년 전입니다.

이 글을 읽는 분들 가운데에는 만30세가 안 되신 분들이 계실 것입니다. 그분들이 태어나시기 전에 이미 전기자동차 배터리 시장에 투자한 분이 계셨다는 것, 그분들이 이제 전기자동차를 일상생활에서 누릴 수 있는데, 그분들이 전기자동차를 누릴 수 있도록 30년 전에 전기자동차 배터리 시장에 투자하고 사업을 키워온 분이 계시다는 것, 현재 경쟁하는 분야에서 이루는 초격차가 아닌, 미래의 가상 분야에 대해 대처하고 준비해두는 것이 바로 가상초격차인 것이죠.

어떤 의미에서 '초격차'란 선두 주자의 두려움에서 파생된 단어라고 볼 수 있습니다. 앞서는 자가 추격자를 따돌리기 위해 할 일을 묘사하기 때문입니다.

그러나 초격차란 반드시 실패한다?

아니죠.

이제부터 가상초격차에 나설 때입니다.

누구나 아는 초격차는 '가상'에서 무너지기 때문입니다.

부동산 가격이 오른다고요?

가상부동산을 사고파는 시대가 되었습니다.

스타 되기 어렵다고요?

가상 스타가 등장하는 시대가 되었습니다.

'가상초격차'가 트렌드가 됩니다.

예측할 수 없는 것을 예측하는 것, 가상초격차에 대비해야 합니다.

Trend:

가상현실(Virture Reality)

└→ 일상과 가상의 혼합 시대를 열어가다

가상현실이란 virtual reality(버츄얼 리얼리티)라고 부르며 줄여서 VR(브이알)이라고 말합니다. 가상현실은 '컴퓨터 등을 사용하여 기술로 만들어낸 실제와 유사한 환경이나 상황'을 의미하죠. 그래서 가상현실이라고 말하면 컴퓨터 게임을 떠올리는 경우가 대다수이고, 최근에 와서는 사용자가 원하는 대로 만든 상황을 이용하여 사용자가 직접 가상의 캐릭터가 되어 상황 속으로 들어가는 체감형 기술을 일컫기도 합니다.

기억나시나요? 혹시 시청하셨습니까?
지난 2020년 2월 6일.

MBC 다큐멘터리 '너를 만났다'라는 프로그램이 시청자의 심금을 울렸습니다. 혈액암으로 어린 딸을 떠내보낸 엄마가 3년 만에 가상현실을 통해 딸을 만난 장면이 그것인데요, "ㅇㅇ아, 잘 있지? 엄마 ㅇㅇ이 보고 싶었어. ㅇㅇ이 안아 보고 싶어."라며 흐느끼는 엄마의 모습을 본 시청자들은 엄마의 마음이 되어 함께 눈물을 흘리지 않을 수가 없었습니다.

사람들은 '기술'이라고 하면 차갑고 딱딱하고 냉정할 것 같은 이미지를 가질 수 있는데, 이처럼 가상현실이란 기술은 인간의 사랑과 정을 보듬는, 인간의 따뜻함을 간직할 수도 있다는 것을 알 수 있습니다.

한편, 은평메디텍고등학교에서는 교과서 편찬 작업에 나섰습니다. 그리고 2020년 서울교육청으로부터 검인정을 받았고 2021년부터 이 학교에 교과서로 정식 수업에 활용되고 있습니다.

무슨 이야기이냐고요?

고등학교가 교과서를 편찬하고 교육청으로부터 검인정을 받아 교과서로 만들어서 수업에 활용하는 게 이상하냐고요?

여기까지는 지극히 일반적입니다.

그런데 그 교과서가 사용되는 학과명은 'e스포츠과'이며 수업은 'e스포츠 실습'이라면 어떻게 생각되십니까? 그 교과서는 '리그 오브 레전드' 설명이 포함되어 있습니다. 인기게임 'LOL(롤)'이죠. 포지션별 챔피언에 대해 상세히 설명하는 것은 물론, 웬만한 게임 가이드북 저리 가라 할 정도입니다. 또한, '롤' 게임 외에도 '배틀그라운드', '스타크래프트', '피파온라인4' 게임도 실습대상으로 되어 있습니다. 인기게임 공략법을 교과서로 배우는 것이지요.

교과서란 무엇입니까?

사람이 성인이 되어 사회에 나오기 전에 사회에 대해 배우는 것이죠. 학생들은 학교에서 교과서를 통해 사회를 배웁니다. 사회에 필요한 지식을 배우는 것이라고 할 수 있죠.

그런데 이제는 교과서로 가상현실에 대해 배우는 시대가 되었습니다.

게임일 뿐인데 가상현실까지 연관 짓는 것은 너무 과하다고요?

아닙니다.

우리는 이미 메타버스에 대해 알고 있습니다.

Z세대가 이끄는 제타버스에 대해서 기억하고요.

사람들은 현실과 가상세계를 게임으로만 인식하는 게 아니라, 가상세계란 현실과 다른 또 하나의 세계로 인식합니다.

게임 속 아바타를 왜 치장할까요?

게임을 잘하기 위해서?

다시 생각해보죠, 게임 속 아바타가 게임을 잘하려면 무기를 장착하면 됩니다. 아바타를 치장하는 이유는 다른 사용자들에게, 다른 사람들에게 '내 아바타'를 과시하려는 욕구에 의한 것으로 볼 수 있는 것이죠.

그렇다면 왜 게임 속에서 아바타를 치장해서 사람들에게 과시하고 보여주려고 할까요?

단순한 게임일 뿐인데요?

우리는 게임 속에서도 다른 사람들과 같이 살아가고 있다는 것을 아는 것이죠. 현실 세계에서 살아가고 또 다른 세계 게임 속에서 살아가는 사람들이 바로 '여러분들'이시고 '저'도 마찬가지입니다.

그래도 미심쩍으신가요?
그렇다면 한 가지 더 말씀을 드리죠.
게임하시는 분들은 아실 것입니다.

'현피'라는 말의 의미 아십니까? 현실에서 플레이어와 맞짱 뜨는(대결하는) 것을 의미합니다. '현'은 '현실', '피'는 '플레이어(Player)'의 약자입니다. 게임 세계와 현실 세계를 공존하는 세계로 인식하지 않는다면 '현피'라는 단어가 나오지 않습니다. '게임은 게임일 뿐이라며 현실에서는 다른 삶'을 살아가게 되죠.

하지만 사람들은 이미 현실 세계와 게임 세계를 구분 짓고 살아가고 있습니다. 가상현실이 더 이상 가상에 머무르지만 않는 시대, 가상현실이 현실에서 일어나는 시대가 된 것입니다.

2021년을 달군 히트상품 중에는 브랜드 간 컬래버레이션 붐에 의해 탄생한 상품들이 있습니다. 구두약 초콜릿, 매직펜 음료수, 우유팩 샴푸 등이 소비자의 눈길을 끌었는데, 전혀 다른 분야의 제품이 디자인과 상표를 공유하면서 소비자의 주목을 받는 효과를 누린 것이라고 볼 것입니다.

이른바 펀슈머(Fun+Consumer:재미를 추구하는 소비자)를 공략하기 위한 마케팅에서 만들어진 상품입니다. 그런데 이들 펀슈머 제품들은 소비자의 인식에 혼동을 줄 우려가 있는 것으로 안전성에 우려를 가할 경우 판매가 금지되었습니다만(식품 등의 표시 광고에 관한 법률 참조, 2021. 7. 24. 식품의약품안전처), 이러한 펀슈머 제품들이 소비자에게 신선하게 다가온 것은 사실입니다.

그런데요.

인기게임 '배틀그라운드'가 있습니다. 여기에 3레벨 헬멧인 '삼뚝'이 있는데, 2021. 7. 21. 하림社와 더불어 '삼뚝이닭'을 출시한 것이죠. 다른 회사에서도 가만있을 순 없었겠죠? 2020년 12월에 컴투스社의 프로야구 게임 캐릭터를 사용해서 '프로야귤'을 판매해 소비자들의 호응을 얻은 바 있는 롯데마트에서는 골프게임 '버디크러시'의 캐릭터를 사용해서 2021년 3월엔 '버디크러시x대추방울토마토' 상품을 판매했습니다.

또 다른 게임업체 '펄어비스'는 이러한 협업제품들을 출시하는데 앞장서있는 업체라고도 할 수 있는데, 2019년부터 네네치킨, 설빙, 달콤커피, 해태껌, 도미노피자 등과 함께 협업을 해왔고 2020년에는 자사 '검은 사막' 게임 이름을 활용해서 김 제품 회사와 공동으로 '김은 사막'이란 김 제품을 출시하기도 했습니다.

이러한 현상은 글로벌 패션브랜드 루이비통도 참여했는데, 2019년부터 '롤' 게임을 서비스하는 라이엇게임즈와 협업하여 패션 제품을 선보이고 있는 것이죠. 이처럼 게임업체와 협업하는 패션브랜드 업체는 꾸준히 늘어나는 추세인데, 가상세계에 국한되어 있던 게임이 어느덧 현실의 라이프스타일과 문화콘텐츠 분야에 진입을 하는 상황인 것입니다. 가상현실이 현실화 되어가는 추세인 것이죠.

가상현실과 리얼리티와의 만남입니다.

게임 속 캐릭터가 현실 제품으로 등장했다는 것은 단순한 협업제품으로만 보는 것이 아닙니다. 연예인을 모델로 세우는 제품이나 캐릭터를 모델로 만든 제품은 예전부터 많았습니다. 이런 것과는 차원이 다른 것이죠.

왜냐하면 캐릭터는 제품화를 통해서 소비자들과 만나는 것이거든요.

애니메이션 캐릭터는 극장에서, TV에서 시청자들과, 관객들과 만난 후에 제품화가 되는 것인데, 사람들은 극장이나 TV를 가상현실이나 가상세계라고 인식하진 않거든요. 현실에서 즐기는 '장소'의 개념으로 보는 것이고요.

반면에 게임은 게이머들에게 가상현실 체험이라는 경험치를 만들어줍니다. 그 안에는 다른 사용자들과 겨루는 '경쟁'이 있고, '대결'이라는 승부가 있습니다. 극장이나 TV에서 시청하는 만화나 애니메이션에는 없는 요소들인 것이죠. 그래서 게임 속 캐릭터가 현실 세계의 제품으로 나온다는 것은 게이머들, 그러니까 소비자들의 경험치가 현실 세계로 이어진다는 점에서 매우 눈여겨봐야 할 상황인 것입니다.

소비자들의 변화는 어떤가요?

'재미있다'는 반응이 많습니다.

게임 속에서 보던 아이템을?

게임 명칭이 제품에?

게임 캐릭터가 상품으로?

신기하게 받아들이죠. 하지만 다시 그들이 게임 속으로 들어가면 그들이 현실에서 만났던 게임 캐릭터와 게임명과 게임아이템이 고스란히 게임 속에서 다시 구현되면서 가상현실과 현실이 혼용되기 시작합니다. 어느 게 가상현실이고, 어느 게 현실인지 구분하기 애매한데 사실 이 정도 되면 게이머들도 구분하지 않으려고 하죠.

왜죠?

귀찮죠.

그냥 그런가 보다 하게 됩니다. 드디어 게임 속 가상현실이 현실에 안착하게 되는 순간인 것입니다.

그뿐 아닙니다.

현실에서의 소비를 가상현실에서의 소비로 이어갑니다. 가상세계에서의 소비를 현실에서 이어갑니다.

게임에서 캐릭터를 봤어요?

그럼 현실의 상품이 기억납니다.

현실에서 상품을 봤어요?

그럼 게임이 생각납니다. 아니, 슈퍼마켓에 다녀왔는데 자기도 모르게 그 게임을 켭니다. 마트에 갔는데 게임이 하고 싶어요. 왜냐고요? 마트에 게임이 있어요. 슈퍼마켓에 게임이 있어요. 그래서 그럽니다.

소비욕구의 시공간 초월 현상이 발생합니다.

소비지(消費地)가 확장된 것입니다. 가상현실의 게임을 넘어, 가상현실이 실제 현실의 가상화가 되어가는 트렌드가 된 것이죠. 이제는 소비가 가상세계에서도 이뤄져야 하는 세상입니다. 돈으로 가상세계를 지배하는 것과 같은 욕구의 발현 그리고 충족이 현실에서도 생긴 것이고, 현실에서도 게임처럼 대결과 승부, 캐릭터 키우기가 이뤄지는 상황이라는 것입니다.

다른 건 그렇다 쳐도 현실에서 캐릭터 키우기가 이해하기 어려우시다고요?

'스펙'이라고 이해할 수 있습니다.

요즘 MZ세대와 이야기해보면 '능력치'라는 표현을 자주 합니다. 이 단어를 사용하는데 어색해하지 않습니다.

"너의 능력치가 거기까지인 거야"

"이번 생은 틀렸어"

이런 말도 합니다. 이게 모두 게임에서 파생된 표현입니다. 능력치는 게임에서 레벨을 의미하고, 게임에서 캐릭터가 '사망'하면 일정 시간 후에 다시 '환생'하거든요. 게임 용어가 현실 속에서도 이뤄지는 것이죠.

가상현실이란 사용자가 이용하면서 현실이 아니라는 인식이 전제되어야 합니다. 이건 가상현실이다, 이건 현실이 아니라고 생각하는 것이죠. 그래야 가상현실이라고 부를 수 있습니다.

그런데 앞서 보신 바와 같이 요즘엔 가상현실이 현실 속으로, 현실이 가상현실 속으로 오고 가는 시대입니다. 가상현실에 대한 정의가 달라져야 할 시기인 것이죠. 단순히 현실이 아니고 가상이라는 정의에서 벗어나서 현실과 경계를 짓는, 구분하는 정의가 필요한 시대입니다. 어디까지가 가상현실이고, 어디까지가 현실이라는 구분이 무의미할 수도 있지만요.

그래서 이 책에서는 가상현실에 대해 정의 내리기를 '실체성'에 주안점을 두고자 합니다. 현실에서 만질 수 있는 현실 세계, 컴퓨터로 프로그래밍 된 온라인 공간에 존재하는 것은 가상세계라고 하는 것입니다.

그리고 가상세계에서 현실 세계로 넘어온 것, 즉 여러 '상품'들은 '가상세계로부터의 현실화 제품'이라고 부르겠습니다. 마케팅 차원에서 벗어나 앞으로 계속 존재할 수 있는 현실 속 제품을 일컫습니다.

반면에 현실 제품이 가상세계로 들어간 경우, '디지털화된 상품'이라고 부르고자 합니다. 현실 속 상품의 디자인과 가격 그대로 온라인상 가상세계에서 구매할 수 있는 제품이 해당됩니다. 상품만으로는 현실과 가상세계가 혼재된 상태라고 볼 수 있습니다. 소비자는 가상세계이건 현실 세계이건 똑같은 상품을 구매할 수 있는 시대인 것이죠. 가상세계에서 쇼핑했다고 해서 현실 세계에선 사용할 수 없는 게 아니니까요. 가상세계에서 쇼핑하고 현실에서 상품으로 받아서 사용할 수 있습니다.

또한, 현실 세계에서 상품을 쇼핑하고 가상세계에서 아바타가 사용할 수 있게 할 수 있습니다. 예를 들어, 여러분이 온라인상에서 부동산 매물을 살펴봅니다. 이 방, 저 방, 앞마당, 정원, 1층, 2층, 꼼꼼히 살펴볼 수 있습니다.

그게 마음에 드신다고요?
그럼 구매 결정을 합니다.

그 다음엔 어떻게 되죠?

여러분은 온라인에서 구매한 그 부동산에 찾아가서 실제로 거주할 수 있습니다.

여러분이 생각하기에 좀 이상하지 않은가요?
온라인상에서 구매했는데 현실에서 거주하다니?

여러분은 가상세계에서 구매하고 현실 세계에서 사용하는 삶을 이미 누리고 계신 것입니다. 가상현실과 현실 세계가 이미 우리들 삶에 깊숙이 들어와 있다는 증거입니다.

이러한 가상현실(VR)은 '현실 환경에 가상의 컨텐트를 더하는 증강현실(AR)', '가상 게임을 하면서 현실에서 물건을 잡고 그 물건을 게임 속에서 사용할 수 있는 혼합현실(MR)'까지 포함하는 포괄적인 의미로 사용할 수 있습니다. 그래서 가상현실은 현실 세계의 다양한 분야에서 사용될 수 있습니다.

특히, 군사 분야, 여행, 의료, 스포츠, 게임 등에선 이미 사용 중인데, 가상현실을 제대로 사용하려면 몰입감(Immersion), 상호작용(Interaction), 가상 이미지(Imagination)라는 3가지 요소를 충족해야 합니다. 사용자가 몰입할 수 있는 정도의 현실감이 있어야 하고, 가상현실 속에서 사용자들과 사용자 환경이 상호작용되어야 하며 가상현실 속 환경이 현실 세계와 동일할 정도로 유사해야 한다는 것이죠.

Trend:

대규모 다중사용자 온라인 롤 플레잉 게임 (Massively Multiplayer Online Role-Playing Game)

↳ 가상세계에서 펼쳐지는 리더십

'리니지' 게임을 서비스하는 엔씨소프트에서는 2021년 리니지2 '월드 공성전'을 개시했습니다. 대규모 다중사용자 온라인 롤 플레잉 게임(MMORPG, 리차드 개리엇)에서 '공성전'이란 하나의 성을 두고 게이머들이 혈맹을 맺고 팀을 나누어 방어하고 공격하는 쌍방으로 나뉘어 겨루는 방식인데, 게이머들은 서로 혈맹을 맺고 여러 개의 서버 중에서 선택해서 각자의 공성전을 즐길 수 있습니다.

그런데 월드 공성전이란 그러한 공성전의 규모를 확장, 8개의 서버 이용자들이 하나의 성 '아덴성'을 두고 벌이는 승부입니다. 그야말로 월드클

래스(World Class)로 많은 게이머들이 하나의 '아덴성'을 두고 실력을 겨룬 것이죠. 이러한 공성전에서는 점수를 얻는 방식인 '공성 포인트'가 있고, 이번 월드 공성전에서는 상대 혈맹이나 몬스터(괴물)를 처치하거나 점령체를 차지하면 획득하는 방식으로 치렀습니다.

1998년 9월부터 유료 서비스를 시작한 '리니지' 게임은 대한민국 1세대 온라인게임이고, MMORPG 장르에서 현재도 서비스되고 있는 게임입니다. 리니지 게임을 하며 나이가 든 남자를 가리켜 '아저씨'란 단어랑 섞어 '린저씨'라고 부를 정도로 여전한 인기를 구가하고 있는 게임입니다. 시간상으로 보더라도 20년이 넘는 시간 동안 인기를 유지하는 게임이죠.

그런데 왜 공성전일까?

'공성전'이란, 공성전(攻城戰)은 성(城)을 공격하는 전투를 의미합니다. 실제 전투용어로서 손자병법에도 나오는 용어입니다. 손자병법에서는 1개의 성을 공격하려면 3개월의 준비 기간이 필요하다고 했을 정도로 어려운 전투가 공성전인데, 역사적으로는 '콘스탄티노폴리스 공방전'에서 콘스탄티노플의 7천 명 수비대가 대략 10만 명의 오스만 군대에 대항해 성을 지켜냈던 역사가 전해지고, 영국 내전에서 '코르페 성' 전투에서는 왕당파 전투병력 5명이 의회파 300명의 공격을 수 주간 버텼던 역사가 전해집니다.

이만큼 공성전은 방어하는 쪽과 공격하는 쪽이 전략과 전술을 치밀하게 짜서 승부를 겨루는 게임입니다. 실전에서는 방어하는 병력보다 공격하는 병력이 최소 3배의 병력이 되어야 한다는 이야기도 합니다.

그래서 MMORPG에서도 공성전은 성주와 혈맹들의 치열한 전투가 관건입니다. 다만, 게임에서는 혈맹원들의 장비(캐릭터에 정착된 무기들) 레벨에 따라 승패가 갈리게 되므로 장비가 센 혈맹이 대부분 이기게 됩니다.

다시 말해서, 성주가 있고 성주를 따르는 혈맹원들이 있는데 다른 혈맹과 공성전을 벌여서 성을 지키거나 성을 차지하게 되면 다른 혈맹들을 성 밖으로 내보내고, 성을 차지하고 세금을 걷는다는 점, 그 형태가 현실 세계랑 다를 바 없다는 것을 알 수 있죠.

이를테면, 게임 속 공성전에서도 성주(리더)의 자질과 능력이 가장 중요하다는 것을 알 수 있고, 혈맹원들이 성주의 지시에 따라 일사불란하게 움직이는 게 중요하다는 것도 알게 됩니다. 단합이 잘 되어야 한다는 거죠.

실제로 공성전을 이긴 성주와 혈맹들은 게임 후에 모임을 가져 축하 자리를 마련하기도 합니다. 가상세계에서의 만남이 고스란히 현실로 이어지는 것이죠. 현실에서도 서로를 닉네임으로 부르고 성주를 성주라고 부릅니다. 아무튼 MMORPG는 온라인으로 연결된 사용자들이 하나의 공간에 동시에 즐기는 게임입니다.

'성주(城主)'는 어떤 존재이어야 하나?

MMORPG 게임 속 성주는 권위와 능력치를 갖춘 리더입니다. 성주가 갖춘 아이템들은 비싼(게임 속에서 얻거나 구매한 아이템들로 장착) 것들이 대부분입니다. 게임아이템 한 개의 가격이 자동차 한 대 가격과 비슷한 것도 수두룩하게 많은데, '집행검'의 경우엔 수천만 원부터 수억 원대에 이르는 등 게임 속에는 비싼 가격대의 아이템들도 있습니다.

그런데 고 단가 아이템을 장착했다고 해서 성주가 될 자격이 무조건적으로 주어지는 것은 아닙니다. 전략과 전술이 필요한데, 공성전에서 성주는 성을 지키기 위하여 혈맹원들에게 지시를 내립니다. 혈맹원들은 성주의 지시에 따라 일사불란하게 움직여야 하고 성을 공격해오는 적들과 맞서 대결해야 하고 싸워 이겨야 하죠. 이러한 지시체계의 확립 여하에 따라 공성전의 성패가 갈리기도 하거든요.

가령, 2022년 3월 3일 오후 3시부터 공성전을 갖는다고 해보죠.

성주에 속한 혈맹원들은 한날한시에 모여야 합니다. 이들은 회사 야근도, 학교 시험도 '제치고' 공성전에 참여하게 됩니다. 가능하다면 말이죠. 그런데 간혹 이탈자가 생깁니다. 제때에 로그인하지 않는 사람이 생깁니다. 또는, 공성전에 참여하지 않는 사람들도 생깁니다.

그러면 그날 공성전은 어떻게 될까요? 패할 확률이 높죠?

그 결과 공성전에서 패한 성주와 혈맹원들은 성 밖으로 쫓겨나고(게임상에서) 대결에서 '졌다'는 패배감에 사로잡혀 분노하게 됩니다. 분노의 화살은 어디로 갈까요? 공성전에 참여하지 않은 사람들에게 돌아갑니다.

이들은 누가 뭐랄 것도 없이 그 혈맹에서 쫓겨나게 되죠.

성주에 따라서는 공성전에서 패하더라도 남은 혈맹원들을 관리하고 또 다른 공성전을 준비하며 게임하는 경우도 있습니다만 대개의 경우 공성전에 참여하지 않은 사람들은 다른 혈맹원들로부터 질타를 받게 되는 건 맞습니다.

앞서 '월드 공성전'처럼 이러한 MMORPG가 시사하는 바가 없지 않다고 할 것입니다. MMORPG를 통해 보는 '회사의 리더'는 어떤 리더여야 할지, '정치인'은 어떤 리더여야 할지 알 수 있는 것이죠.

여러분의 회사는 성(城)입니다.

회사 대표는 성주(城主)입니다. 공성전은 회사의 존립을 두고 다른 회사들과 경쟁하는 영업활동입니다. 회사들 간 경쟁에서 지면 어떻게 되나요? 회사에 손해가 생깁니다. 이러한 손해가 지속되면 회사의 존립이 어렵겠죠?

누군가 책임을 지는 건 중요하지 않습니다.

회사가 어려운데 누군가 책임지고 퇴사를 한다?

그건 회사에 도움 되는 일은 아니라고 할 것입니다. 오히려 더 단합하고 하나로 뭉쳐야만 할 시기에 힘이 분산되면 회사의 체력이 더 약해지는 것과 같은 것이죠. 성주의 역할이 중요해지는 순간입니다.

정치라면 어떻게 되겠습니까?

정치는 국가의 이익을 위해 국민들과 한마음으로 뭉쳐야 하는 또 다른 의미의 공성전이라고 할 수 있죠. 국가의 리더는 성주가 되겠고, 국민들은 혈맹원들이 됩니다. 그런데 공성전에서는 정해진 시각에 공성전이 펼쳐지는 반면에 정치에서는 24시간 내내 활동이 쉬질 않는다고 할 것입니다. 영토를 지키고 외교를 하고 세금을 받고 국민들이 살아갈 수 있도록 지키는 것이라고 하겠죠?

그래서 2022년엔 MMORPG의 붐이 이어지면서 '새로운 리더의 자격'에 대한 집중 조명이 이뤄질 것으로 보는 이유입니다.

Trend:

셀프 거버넌스 Self Governence

리얼리티와 가상세계가 혼재하는 시대, 대가족 문화가 아닌, 핵가족 시대로 1인 가구 시대. 기본 최저 시급을 결정짓는 정치에 그 어느 때보다 관심을 기울이는 시대. 자기의 삶에 직접 영향을 주는 모든 것에 대해 자기 주도권을 갖는 사람들, 무조건적 복종보다는 직장과 공동체 사회를 위해 공익제보에 나서고 개인의 다양성을 존중받고자 힘을 모으는 사람들의 시대, 현대적 리더의 자격은 소통 능력이 요구되는 시대, 그 소통은 1인 가구주들과 개개인과 소통이 가능해야 하는 시대가 도래하였습니다. 그래서 탄생한 각 개인이 각자의 삶을 자기 주도적으로 정치하는 시대를 '셀프 거버넌스' 시대라고 부르고자 합니다.

'셀프 거버넌스'란 기업 조직에 적용할 때 '자기 경영'이라고 할 수 있고 개인에게 적용할 때는 자기 삶에 대한 '주도적 오너십'이라고도 부를 수 있습니다.

가령, 현대 기업에선 상하복종식 체계가 사라지고 '님'을 붙이는 평등문화가 중시되더니 이제는 홈펌(Home-Firm)이 등장, 이른바 '필수적 재택근무'로서 회사 구성원들이 자기 역량을 자기 주도하에 업무에 발휘해야 하는 시대가 된 것입니다.

이른바, 현대 사회의 기업 CEO의 역할이란 대표로서 부과된 업무 외에 각 근로자(회사원)의 주장과 권리를 대리해주는, 회사 구성원 개개인의 경력이 모여 흐르는 '통로'이자 '물길'로서 그 기업의 역량을 모아 기업가치를 제고하는데 탁월한 자가 되어야 하는 시대가 된 것입니다.

그 이유는 1인 가구 확산으로 인한 가구 구성원의 단순화 외에도 '자기주도 학습' 및 '인강(인터넷 강의)'을 보며 스스로 학습해온 환경에서 자라난 세대들이 MZ세대로 등장하면서 타인의 조언을 자기 삶에 대한 관여와 간섭으로 받아들이는 측면도 영향을 준 것이라고 할 것입니다.

그러므로 '나의', '나에 의한', '나를 위한' 가치 중심의 시대로서 '셀프 거버넌스'의 시대가 도래한 것은 자기 이익 여하에 따라 자기 권리행사에 적극적인 세대가 된 것이라고 하겠습니다. 공동체의 이익이나 사회적 배려가 우선되어야 함보다는 자기 목적 우선형 삶을 누리려는 세대라고 할 것이고, 이들에게 사회적 배려는 커뮤니티의 집단배려가 선행될 때 움직인다고도 볼 것입니다.

이들에게 사회적 배려는 커뮤니티의 집단배려가 선행될 때 움직인다고도 볼 것입니다.

2022년 새로운 삶의 방식, '셀프 거버넌스'가 불러올 트렌드 변화를 알아보도록 하겠습니다.

Trend:

가상화폐(Virture/Crypto Currency)

└→ 실물경제 가치저장 수단으로 활동영역을 확장하라

2021년 초, 가상화폐 투자 붐이 일었습니다.

'가상화폐'란 손으로 만질 수 없는, 어떠한 형태나 실체가 없는 디지털 코드(Digital Code)입니다. 그래도 다른 화폐처럼 일반적으로 '코인'이라고 부르는데, 이러한 가상화폐에 투자한 사람들 가운데에 일부 사람들이 부자가 된 뉴스가 등장하고 뒤따라 많은 사람들이 코인 투자에 뛰어들며 코인 투자, 가상화폐 투자 붐이 일었습니다. 2017년 무렵에 코인 투자 붐을 첫 번째 붐이라고 한다면 2021년이 두 번째 붐이라고 할 것입니다.

코인 투자에 나선 사람들이 돈 벌었다는 이야기는 인터넷에서, 일상에서 큰 화제가 되었고 가뜩이나 어려운 경기 상황에서, 취업도 힘들었던 여건에서 사람들은 코인 투자에 열광했습니다.

그런데 사람들은 왜 코인에 투자할까요?

사람들이 사고파는 코인, 즉 '가상화폐'에는 미래가치가 있을까요?

저장가치가 있을까요?

효용가치가 있을까요?

어떻게 소비하고, 교환하고 저축할까요?

코인 투자하는 이유를 알아보기에 앞서 코인투자자들의 이야기를 전하면 이렇습니다. 코인에 투자하는 사람들은 직장 다니는 이유를 '시드머니 충전소'라고 부른다고 합니다. 월급을 받아 가상화폐를 샀다고 하죠. 직장 다니는 이유가 코인 투자자금을 마련하기 위해서랍니다. 코인 투자에 성공하면 직장에 사표 내고 나올 거라고 하고요. 직장은 그저 코인 투자를 하기 위해 다니는 거라고도 합니다.

그런데 의문이 생깁니다.

갑자기 가상화폐가 폭락했다면? 코인에 투자한 사람들이 투자를 그만두고 손절(손해 보고 매도) 하고 코인 투자를 그만둘 수 있을까요?

요즘 가상화폐를 보유한 사람들이 있습니다.

투자한 코인을 재산으로 여기는 그들입니다. 나중에 어떻게 될까요? 코인 가격이 하락하면 가격을 끌어올리기 위해 투자가치를 홍보하며 사람들이 코인 투자에 나서라고 알리거나 평단을 낮추기 위해 추가 매수하고 코인 가격이 오르면 그들 스스로 익절(이익 실현) 하거나 버티기에 나섭니다. 일반적인 경우들이죠.

이 반대 되는 사례도 없진 않습니다.

하여튼 코인 투자를 하는 그들이 점차적으로 코인 경영에도 나서게 되는 것을 보게 되니 코인 투자에 대한 그들의 신뢰도 느끼게 됩니다. 그들의 주장은 투자를 하므로 경영에 참여하는 것이라고 할 수 있고, 그들도 코인을 직접 발행하기도 합니다. 그렇게 코인 투자 붐의 시즌을 이어갔습니다.

필자도 코인 투자를 해봤습니다. 코인을 구매했으니 코인투자자이기도 합니다. 수익률도 높았습니다. 아니죠, 다시 말씀드리지만 '높았었'습니다. 왜냐하면 코인 투자에 점점 자신이 붙자 더 샀거든요.

'10만 원 샀는데 15만 원이 되었으니 100만 원 샀으면 150만 원 되는 거 아냐?', '돈 복사'가 되네? 유혹이 샘솟았습니다. 그래서 더 샀습니다. 그러자 마치 기다렸다는 듯이 투자손실이 생기기 시작했습니다. 지금은 관망세를 견지하고 있습니다. 아직 손해는 아닙니다.

가상화폐 거래의 시작.
비트코인의 등장.

비트코인이 등장한 초기에는 불법적인 지불수단으로도 활용되었다고 합니다. 궁금합니다. 불법적인 활동(?)을 하는 그들은 왜 비트코인으로 대가를 받았을까요? 현물이 없는 가상화폐로서 실물화폐랑 교환하기 위해서일까요? 화폐 교환이라? 도박장에서 사용하는 '칩'이라도 되는 걸까요? 실물 '칩'이 없고 보관할 장소가 필요 없는 이점으로 받은 것이 아닐까요?

그렇다면 현물화폐를 교환하기 위한 칩으로 받은 것인데, 칩이 실제 돈이 된다면 어떻게 될까요? 가상화폐와 실물화폐의 교환 비율이 정해지고 사용하는 사람들이 생겨난다면 어떠한 변화가 생길까요? 그들이 칩 대신 모은 비트코인이 돈이 된다면 그들은 그 비트코인으로 무슨 일을 하려고 할까요?

반면에, 코인의 미래를 보고 투자한 사람들이 있습니다.

영끌(영혼까지 끌어모아) 투자해서 돈을 모으기 위하여, 지금은 사용처도 불분명하고 화폐로서의 가치저장수단이 되지 못한다고 하더라도 언젠가는, 즉 사용처가 늘어나고 화폐로서 가치가 고르게 유지될 수 있다고 신뢰하는 사람들입니다.

그런데 실제로 그렇게 된다면 무슨 일이 생길까요?

가상화폐의 사용처가 물꼬 터지듯 일순간에 늘어난다면 그 순간 걷잡을 수 없는 대혼란이 생길지 우려되기도 합니다. 비트코인, 가상화폐, 암호화폐? 부르는 명칭은 다르지만 이를 통틀어 '코인'이라고 해보죠. 2022년 코인 투자는 어떤 방향으로 흐를까요?

2021년 늦봄,

그러니까 그렇게 오래지 않은 상황입니다. 모처럼 봄나물 밥상을 준비하려 들른 재래시장에서 아줌마들이 가상화폐를 이야기합니다. 간식거리를 사러 집 앞 마트에 들렀을 때는 초등학생을 둔 엄마들이 걸어가며 비트코인 투자를 이야기합니다. 인터넷이라고 사정이 다르지 않습니다. 젊은이들이 비트코인과 가상화폐 투자에 대해 질문합니다. 우리나라뿐 아니라 지구촌 사람들이 스마트폰을 들고 그 안에서 가상화폐를 채굴하거나 가상화폐 거래소에서 코인 투자를 하고 있는 상황입니다. 사람들이 비트코인과 가상화폐를 사고팔며 돈 버는 노하우know-how를 궁금해하고 있었습니다.

가상화폐? 비트코인? 현실은 이렇습니다.

먼저 아셔야 할 것은 급 상승장이 오듯이 대 폭락장도 반드시 온다는 점입니다. 코인투자자들이 말하는 떡락장(급 하락 시장)에서도 떡상(급등 시장)하는 종목을 고르는 법, 존버(가격 상승까지 버티기) 하지 않고도 제대로 된 알트코인(비트코인 외에 다른 가상화폐들) 하나만 잘 찾아내서 수십% 이상 이익을 남기는 법, 반등과 하락 사이 가격 차이를 공략하여 단타를 쳐서 수익 내는 법 등이 있지만 말입니다.

부동산도 오르고 모든 물가가 오른다고 푸념하는 분들에게 코인 투자가 쏠쏠하게 돈 버는 재테크가 될 수 있다는 희망 섞인 전망도 끊이질 않는다지만 상승과 하락이 분명히 존재한다는 점을 알고 코인 투자 여부를 선택해야 합니다.

그래서 이번에 가상화폐와 비트코인의 과거와 현재 그리고 미래에 대하여 조금 더 깊이 들여다보면 나름의 해답이 보일 것입니다. 비트코인과 가상화폐의 결말이 어떻게 될 것인지 궁금했던 이유가 풀릴 것으로 생각합니다.

그런데 혹시 기억나십니까?

2008년 글로벌 금융 위기가 불어닥쳤을 때 'Satoshi Nakamoto(사토시 나카모토)'라는 사람(또는 단체)이 중앙집권적 금융통제의 위험성을 지적하며 탈중앙화 화폐로 2009년에 첫선을 보인 것이 '비트코인'입니다. 가상화폐의 대장이라고 불리는 코인이죠.

비트코인? 가상화폐?

더 중요한 건 가상화폐가 가져올 우리들의 미래입니다.

탈중앙화 기치를 내걸고 개인 간 금융거래를 내세우며 등장한 가상화폐는 우리들의 삶에 실제로 도움이 될까요?

국가로부터 통제받지 않는 화폐(또는 자산)가 경제 생태계 참여자들의 평안한 삶을 보장할까요?

익명성이란 게 좋기만 한 걸까요?

완벽한 익명성이 보장되면 어떤 상황이 생길까요?

가상화폐를 더 가진 자와 덜 가진 자의 경제적 차등은 어떻게 유지될까요?

은행에 돈이 없다면 은행강도가 완전히 사라질까요? 가상화폐를 훔치려는 도둑들은 어떻게 계획할까요?

첫째, 비트코인을 처음 선보인 사토시 나카모토는 비트코인을 자신도 최초로 직접 채굴하면서 자신의 지갑에 모아두기만 했습니다. 그가 가진 비트코인은 2021년 3월 시점 기준으로 110만 개, 동일 시점 기준 원화로 환산하면 약 80조 원에 해당하는 금액입니다. 그는 자기가 모은 비트코인을 어떻게 사용하려고 할까요?

둘째, 탈중앙화를 내세운 가상화폐가 등장하였는데 어떻게 된 일인지 가상화폐를 가장 많이 갖고 있는 사람들은 기존에 재벌들과 은행들입니다. 왜 그럴까요? 일반 서민들은 가상화폐를 많이 갖고 싶어도 돈이 부족해서 그렇게 할 수가 없었습니다. 가상화폐에 투자(?)해서 돈을 버는 서민들은 극히 일부입니다. 하지만 그들 역시 큰돈을 버는 것은 아닙니다.

돈을 많이 불렸다?
이상하죠? 사람들은 가상화폐로 번 돈으로 부동산을 삽니다. 은행에 저축합니다. 이것은 오히려 중앙집권적 금융 생태계로 가져가는 현상입니다. 탈중앙화를 내세운 가상화폐가 다시 중앙화가 되어 가고 있습니다. 결과적으로 자본세력과 금융기관들에게 돈이 더 자꾸 모입니다.

셋째, 자본세력이나 금융기관들은 가상화폐가 자산일 뿐이라고 이야기합니다. 비트코인이나 가상화폐가 탈중앙화를 외친다고 하니 내심 긴장하였지만, 가만히 보니 사람들이 오히려 돈을 다시 중앙으로 가져다주고 있습니다.

각국에서 경기 부양을 위하여 통화량을 늘리는데 정작 필요한 곳에 쓰이는 게 아니라 대부분 가상화폐 투자에 쏠리고 있습니다. 그렇게 불어난 돈은 다시 자본세력과 은행으로 돌아갑니다.

돈의 흐름이 골고루 쓰이지 못하고 극히 제한된 흐름에서 악순환이 반복되면서 경기는 더욱 어렵게 될 우려가 생깁니다. 탈중앙화라는 가상화폐의 취지(?)와는 전혀 다른 방향으로 흐르게 되죠. 각국 금융계 수장이 이따금 가상화폐를 화폐가 아니라 자산이라고 평가절하하려는 이유가 아닐까요?

비트코인이나 가상화폐가 화폐로서 통용되지 못하고 '자산'이 될 수밖에 없는 이유는 사람들 스스로가 화폐로 인식하고 있지 않기 때문입니다. 화폐라고 부르지만 '아직은' 화폐로 쓸 수 없는 것입니다,

일론 머스크처럼 자동차를 사는데 가상화폐를 사용해도 된다고 하여도, 화성에 이주한 지구인들이 사용할 화폐라고 하여도 막상 실제 소비까지 이어지려면 세금부담 등처럼 여러 장애 요인이 있는 것이죠. 가령, 비트코인을 채굴하는 사람들은(심지어 사토시 나카모토의 경우도) 비트코인을 채굴해서 시장에 제대로 풀지 않고 있습니다. 갖고만 있죠. 소비 진작이 안 되는 것입니다.

넷째, 가상화폐가 실제로 화폐가 된다면 언제부터, 어디서부터일까요?

인터넷에서 결제하는데 먼저 쓰일 것이고, 오프라인 가게에서 지불수단이 될 수 있을 것입니다. 그런데 실생활에서 사용될 수 있으려면 전제조건이 필요합니다. 복제를 막고, 해킹을 막고, 실시간 가치인증이 되어야 하고, 가상화폐들 사이에 가치 변동이 합리적이어야 하며, 화폐로서의 가치를 공증해줄 공공기관 등이 필요합니다.

화폐가 되려면 가치저장 수단은 안 되더라도 가치인정이 필수이기 때문입니다. 가치인정을 공감받지 못하면 필연적으로 무질서가 생기게 됩니다. 가치 정도에 대해 의견차를 두고 사람들이 서로 싸우면서 가상화폐에 의한 거래는 끊어진다면 그 생태계는 소멸될 운명에 처합니다.

결국엔 가상화폐 생태계를 위한 새로운 통제장치가 필요하게 될 수 있는데, 상상을 더하자면, 그게 사람이 아니라 인공지능이 될 수도 있습니다. 사람들이 사람을 못 믿는 상황에서 컴퓨터프로그램에게 판단을 맡기게 되는 것이죠. 컴퓨터가 만든 돈을 컴퓨터가 통제하는 상황이 벌어집니다.

아무도 경험하지 못한 극도의 '통제 지옥'이 탄생하는 길이 되지 않을까요?

왜냐구요?

비트코인 채굴은 사람에게나 어려운 일이기 때문입니다. 인공지능으로선 무궁무진하게 가상화폐를 만들 수 있고 비트코인 채굴도 금방 쉽게 할 수 있어서입니다. 인공지능이 시키는 명령대로 잘 따르는 사람들에게만 가상화폐가 주어질 수 있습니다. 심지어 요즘엔 가상화폐 만드는 게 어려운 것도 아닙니다. 가상화폐 이름과 발행 수량만 설정하면 수분 만에 새로운 가상화폐를 만들어내는 프로그램도 다수 있습니다.

다섯째, 가상현실과 증강현실, 반증강현실. 혼합현실, 메타버스, 드론과 로봇. 자율주행차. 아마존 오지까지 인터넷을 연결하는 통신위성들. 인공지능과 사물인터넷이 일상이 되는 세상에서 비트코인과 가상화폐의 힘은 권력이 될 것입니다. 인간은 탈중앙화를 외쳤지만 오히려 그것은 보이지 않는 중앙집권적 권력인 가상화폐에 지배당하는 (또는, 가상화폐와 인공지능을 소유한 극소수의 플랫폼에게 지배당하는) 여러분들이 될 수 있어서입니다.

자, 그러면 2022년.

비트코인에 대해, 가상화폐에 대해 알아봅니다.

첫째, 세상은 가상자산에 의한 경제로 이동하고 있다는 점입니다.

각국 중앙은행에서는 디지털 화폐를 준비 중이고 일부 글로벌 기업들은 스테이블 코인을 발행하고자 합니다. 2021년에는 디지털 자산 거래소에 대한 관련 법률이 시행되었고 2022년부터는 디지털자산에 의한 수익에 대해 소득세를 징수합니다. 2022년은 가상화폐 투자가 정착되는 시발점인 것입니다.

둘째, 사용 분야가 확장될 수 있다는 점입니다.

생각해볼 부분으로, 가상화폐는 어디에 사용될 것인가, 누가 사용할 것인가, 과연 사용될 것인가의 문제입니다. 앞으로 디지털 자산이 어떻게 변모할 것인지, 인플레이션으로 인한 자본시장 위축이 된다면? 긴축재정이 된다면? 가상화폐 시장이 위축된다면? 과연 가상화폐는 어느 방향으로 나아갈 것인지 예상하고 대비하는 것입니다.

가령, 인플레이션이라는 건 물가가 오른다는 것입니다. 돈은 없는데 물가가 오른다? 가상화폐에 투자한 사람들은 코인 투자에 넣어둔 돈이라도 다시 빼서 생활비로 써야 할 것입니다. 가상화폐에 다시 투자한다면 메이저 코인에 집중할 것입니다. 물론, 알트코인이나 준메이저코인이거나 사람들이 잘 모르는 코인들은 거래가 줄어들거나 소멸될 수 있습니다. 하지만 그렇다고 그 코인이 쇠퇴하거나 몰락하는 건 아니라고 보입니다.

생각해보죠.

가상화폐는 대부분 그게 사용되는 플랫폼이 있습니다.

게임을 예로 들어보죠.

A라는 게임에서 게이머들에게 주어지는 가상화폐가 있다고 해보죠. 인플레이션이 생기면 그 게임이 망할까요? 게임 할 시간에 돈을 더 벌기 위하여 일을 해야 되므로 게이머 접속자 수가 줄어들 수도 있긴 하죠. 수입이 줄어들면 일을 더 해야 하니까 게임 시간도 줄어들 것이니까요.

하지만 게임 자체가 없어지진 않죠.

인플레이션은 게임을 망하게 하는 게 아니거든요. 그렇다면 게임 안에 가상화폐는 망할까요? 아니에요, 오히려 성장할 가능성이 더 커지죠. 인플레이션으로 수입 대비 생활비가 부족하게 되었는데 가상화폐를 거래하면 수입이 생겨요, 그렇다면 가상화폐를 더 거래하려고 하겠죠. 인플레이션이 나타나면 확실히 가상화폐에 투자되는 자금은 줄어들게 된다? 아니죠. 오히려 더 늘어날 수도 있죠. 수익을 바라보고요.

셋째, 비트코인 자체가 사라질 우려는 극히 미미합니다.

예를 들어, 사람들은 이미 비트코인에 투자했습니다. 그리고 비트코인의 최고가를 알고 있습니다. 현재 가격이 그 당시 최고가보다 낮다고 해서 그 최고가를 달성했던 사실을 잊는 건 아니거든요.

가령, 어떤 가상화폐가 최고가를 달성한 사실이 있다는 건 그 지점에 가상화폐를 매수한 사람이 있다는 의미입니다. 가상화폐의 개발사 입장에서는 플랫폼을 더 확산시켜야 하죠. 더 노력을 해야 하죠. 사용처를 늘리고 자산가치를 인정받을 수 있게 확장방안을 강구해야죠. 왜냐하면 그 가상화폐를 갖고 있거든요. 투자자뿐만 아니라 그 회사에서도 많은 양의 가상화폐를 갖고 있다는 것이죠. 회사가 성장하려면 가상화폐가 소비되게 해야 합니다.

가격이 높을 땐 안 팔고 기다렸지만 가격이 내려가면 시장에서 매도하거나 추가 매입해서 평균 매입단가를 낮추거나 그 코인의 가치를 높일 방안을 찾아야 하는 거죠? 그렇다면 플랫폼을 늘리고 가상화폐 사용처를 더 확보해야 하는 거죠. 가상화폐 시장이 주춤할 순 있지만 쇠락하거나 퇴장할 거라고 보는 것은 무리라고 보는 이유입니다.

인플레이션으로 가상화폐가 사라진다고 가정해볼까요?

물가가 올랐어요. 월급이 그대로라면 생활비를 벌기 위하여 사람들은 더 일을 해야 할 것이고 대출은 더 늘어나겠죠. 이런 상황에서 가상화폐가 사라진다? 팍팍한 생활살이에서 가상화폐라는 투자수단마저 사라진다면? 사람들은 다시 복권판매대로 가거나 하겠죠? 경마장이나 도박장으로 갈 수도 있습니다. 왜냐하면 집값이랑 땅값, 부동산 가격이 너무 올랐거든요.

부동산 가격이 내려갈까요?

부동산 가격을 내린다면 부동산을 구매할 사람들이 늘어날까요?

그런데 사람들에게 돈이 없잖아요?

그렇다면 서민들은 도저히 어려워진 삶에서 빠져나올 출구가 안 보이는 거거든요?

만약에 가상화폐가 사라진다고 하더라도 분명 또 다른 투자수단이 나타날 것이라고 보는 이유입니다. 만약에 그렇게 될 수 있다는 말이죠. 부동산 가격이 하락하면 국민 경제는 괜찮을지 생각해봐야 할 것 같고요. 전년 대비 부동산 관련 이익이 줄어든다면 그만큼 수입이 줄어들게 되는 거죠? 그렇다면 그 부족분만큼 재정을 보충해야 되는데 어느 분야에서 충당할 수 있을까요? 여러모로 고려해봐야 할 것 같습니다.

기업체들은 어떻게 될까요?

생필품 유통사라고 해보죠. 인플레이션으로 소비량이 줄었습니다. 기업은 성장해야 하고 매출은 늘어나야 하는데 가격이 오르고 하다 보니 매출증가가 더디거나 정체하고 있습니다. 이럴 경우에 뭐가 필요한가요?

소비자가 필요하죠.

그 소비자는 불특정 다수보다는 구체적이고 확실한 소비자집단이라면 더 좋습니다. 그런데 가상화폐를 보유한 사람들이 있네요? 이들에게 현금 대신 그 가상화폐를 사용할 수 있도록 길이 열리게 될 수 있죠. 관련 기관에서도 이 부분에 대해서는 어떻게 할 수 있는 방법을 찾기 어려울 것입니다. 왜냐하면 가상화폐를 사용했더니 소비 진작이 이뤄지거든요.

가상화폐 투자자들 입장에서는 가진 돈은 줄었고 가상화폐는 있는데 생필품을 사려고 했더니 현금 없어도 가상화폐로 결제해도 된다? 가상화폐 사둔 거 손절(손해 매도) 하느니 생필품 구매하는 게 훨씬 이득이죠. 인플레이션이 생기면 가상화폐 소비가 급증할 수 있게 되는 시장이 형성될 수 있습니다. 인플레이션을 막으려면 소비 진작이 중요하기 때문입니다. 상품들은 비싸면 적게 팔리고 싸면 많이 팔리듯이, 적게 팔리면 가격이 비싸지고 많이 팔리면 가격이 내려가게 되거든요. 수요와 공급의 법칙에서 균형가격, 경쟁가격이 도출되겠지요.

가상화폐 투자자들이 청년층들이 대부분입니다.

이들에게 저축할 돈이, 미래를 준비할 돈이 부족하다면요?

경제적 성장을 가로막을 수 있는 요인이 될 수 있다는 우려가 생깁니다. 청장년층이 소비를 늘려야 인플레이션이 안정되고 경제 성장에 도움이 될 것인데 가상화폐에 묶인 돈이 많다면? 그들이 손절하게 하느냐 아니면 실생활에서 사용할 수 있게 해주느냐의 갈림길에 서게 되죠. 여러분께서 관련 담당자의 입장이라면 어떻게 하시겠습니까?

가상화폐가 드디어 실생활에 폭발적으로 사용될 수 있는 새로운 장이 열릴 수 있는 거죠? 비트코인이 옛 기술이고 형성과정에 소수의 사람들이 많은 비트코인을 쥐고 있다고 해보죠. 그들의 지갑이 열리는 순간을 기다리고 있는 사람들이 많습니다. 거래가 이뤄지면서 언젠간 열리긴 열릴 건데, 그 가운데 사토시 나카모토도 한 명이 되겠죠? 비트코인이 사라질 가능성이 극히 희미하다고 보는 이유입니다.

넷째, 비트코인 부자가 나타나면 세계의 재벌 순위도 바뀌게 될까요?

막대한 양의 가상화폐를 가진 신흥재벌이 탄생되는 것일까요? 기존 화폐를 가진 재벌과 가상화폐를 가진 재벌의 경쟁이 생길 것 같은데요? '부(富)의 경쟁'이 아니라 '부(富)의 전쟁'이 될 수도 있겠습니다.

그래서일까요?

게임업체나 일부 기업들이 비트코인을 위시해서 가상화폐에 투자한다는 소식이 속속 전해집니다. 기업 경영엔 전문가, 돈 되는 일엔 전문가인 그분들이 왜 가상화폐에 투자할까요? 다음 세대의 소비성향을 미리 읽은 건 아닐까요? MZ세대에 이어 등장한 알파세대들은 게임도 스스로 만들어서 즐기는 세대이거든요. 자기주장이 강하고 합리적인 소비관, 자기중심의 삶을 중시하는 세대입니다. 그들이 움직이는 미래에선 가상화폐가 사용될 것이란 예상을 한 것은 아닐까요?

중요한 것은 가상화폐의 현재가 아니라 미래이기 때문이 아닐까요?

지금까지의 상황은 기존 화폐와 가상화폐 사이에 암묵적으로 치고받는 경쟁 중이라고 해도 과언이 아닐 것입니다. 단순 가정일지라도, 가상화폐 관련 법 체제가 마련된다고 하더라도 그건 지구상의 문제에 지나지 않을 수 있습니다. 어떤 국가의 법이 영향력을 갖는 건 아무리 넓게 본다고 해도 지구상의 일이기 때문입니다.

그렇다면 미래에, 우주 시대에 벌어지는 일들에 대해서는 어느 나라가 어떤 법으로 통제할지에 대해선 아무것도 모릅니다. 정해진 바도 없을 것 같습니다. 왜냐하면 비트코인이 등장한 게 2009년이기 때문입니다.

'우주 시대에 사용할 돈이 가상화폐다?'

무모한 상상이라고 치부할 수도 있을 것입니다.

그러나 가상화폐 투자 광풍은 빈부의 격차를 좌우할 성질의 것을 넘어선 지 오래입니다. 가상화폐의 가격이 등락하는 것은 가상화폐를 가진 자와 기존 화폐를 가진 자의 대결로 볼 수도 있을 것입니다.

미래 사회의 주도권을 누가 선점하느냐를 놓고 물밑에서 벌어지는 치열한 경쟁이기도 할 것입니다. 지구상의 법률이 통제할 수 없는 우주 시대에 먼저 나아가는 국가가 우주를 선점할 수 있다고 볼 때 그 시작은 가상화폐가 열어간다고 보이기 때문입니다.

2021년엔 일론 머스크, 제프 베조스, 리차드 브랜슨 등, 세계 굴지 기업들의 회장들이 앞다투듯 우주여행에 나섰습니다.

왜 그랬을까요?

그들은 이미 비트코인으로 대변되는 가상화폐의 미래에 대해 준비하는 것일 수 있습니다.

결론입니다.

화성(Mars)에 이주[4)]한 인류가 생긴다고 해보죠.

화성에서는 어떤 돈을 쓰게 될까요? 지구로부터 인터넷뱅킹으로 결제할까요? 신용카드회사 화정 지점이 생길까요? 지구상의 법률이 화성에 거주하는 인류에게도 적용될까요? 지구상에 존재하는 우주선이나 군대가 화성에서 생길지 모르는 권력 다툼이나 이권 분쟁에 시기적절하게 관여할 수 있을까요?

가상화폐의 현재를 넘어 우주 시대를 열고 지구인들의 미래를 향하는 2022년이 중요한 이유입니다.

---

4) 화성탐사 기술동향, 항공우주산업기술동향 = Current industrial and technological trends in aerospace v.2 no.1 , 2004년, pp.114-121, 서석배(한국항공우주연구원 위성운영센터 지상수신관제그룹), 최기혁(한국항공우주연구원 위성운영센터 지상수신관제그룹)

Trend

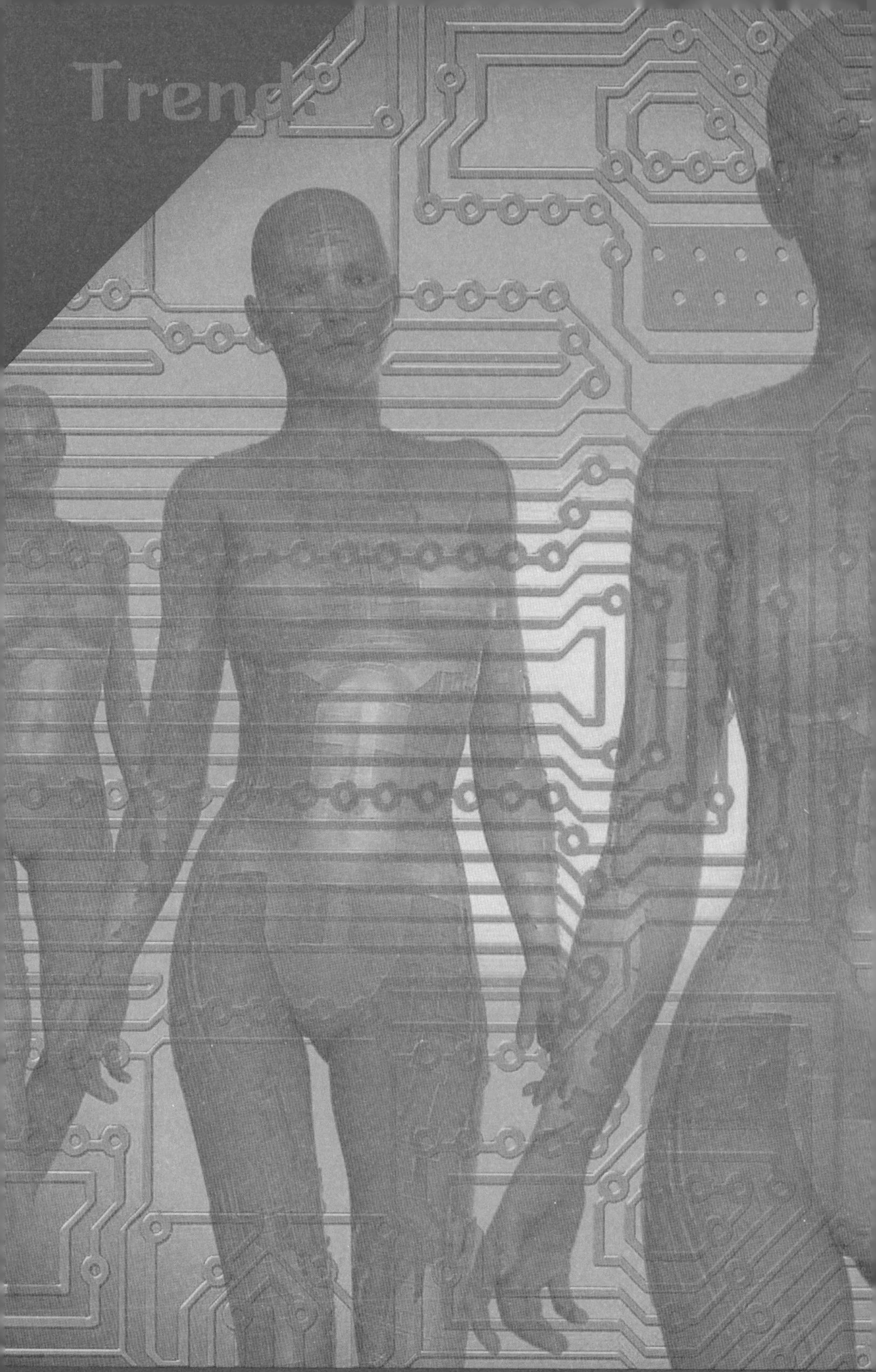

인공지능(A.I.)

└→ 인간의 창작 영역까지 점령하다

미래에 지구가 멸망합니다.

인류가 사라지고 최후의 존재는 지구 한 켠 깊은 산속에 미리 준비되어 있던, 마치 군사 기지 같은 장소에 있는 로봇입니다. 그곳에는 인간의 배아가 저장되어 있었고 이 로봇이 하는 일은 인간의 배아를 꺼내어 인공 자궁 장치에서 키운 후, 출생시키고, 교육하고 성장시켜서 새로운 인류로 만들어 인류를 영속시켜 나아가는 것이었습니다.

그러던 어느 날, 여자아이가 태어납니다.

달걀이 인공부화기에서 부화되듯, 인공 자궁에서 자라난 인간이 기계 밖으로 꺼내집니다. 그리고 로봇의 양육으로 성장합니다. 여아는 로봇을 엄마라고 부르며 로봇의 도움으로 공부하고 식사하고 잠자고 생활합니다.

하지만 이들 앞에 외부의 낯선 여자가 등장하고 그녀를 발견한 여아는 소녀가 된 자신의 정체성에 대해 번뇌하기 시작합니다. 낯선 성인 여자가 소녀에게 들려준 이야기는 로봇이 인공지능이며 인간을 없애는 것이라고 알려주죠. 소녀가 모든 것을 속고 있다고 말해줍니다.

반면에 로봇은 여자의 이야기가 거짓이라며 소녀를 안심시켜주려고 합니다. 인공지능 로봇과 여자의 이야기 사이에 소녀는 자신의 존재에 대해 혼란스러운 나날을 보내며 정체성을 찾고자 합니다.

이 이야기는 영화 '나의 마더(I Am Mother, 2019 개봉)'의 일부로서 오스트레일리아 태생 그랜트 스퍼토어(Grant Sputore) 감독이 연출한 인공지능 로봇 이야기입니다. 넷플릭스에서 개봉하였습니다.

인공지능.

과연 인공지능이란 게 무엇이기에 기계 문명이 지배한 지구에서 인류의 운명은 대부분 어둡게 묘사가 될까요?

인간이 만든 인공지능에 의해 인간 스스로 지배당할지 모른다는 우려를 하는 것일까요?

사람들은 인공지능에 대해 제대로 알고 있는 걸까요?

인공지능의 기술은 현재 어디까지 왔으며 앞으로 어느 수준까지 발달할까요? 2022년 인공지능은 어떤 모습으로 우리 삶에 다가올까요?

인공지능(Artificial intelligence, AI)이란 인간의 사고능력과 이를 인공적으로 구현한 컴퓨터 프로그램 또는 컴퓨터 시스템이라고 부를 수 있습니다.

인공지능은 어느덧 인간의 삶 깊숙이 들어와 있는데, 인간의 창작능력까지 학습하면서 패션디자인을 하거나, 시나리오 창작을 하고, 메신지를 주고받으며 인간과 대화를 하는 수준까지 기술력이 향상된 상태입니다.

인공지능 부정론에서는 아무리 컴퓨터 기술이 발달하더라도 인간의 창작능력까지 컴퓨터 프로그램이 따라오기는 불가능하다고 했었지만 이미 인공지능은 인간의 창작능력까지 따라잡은지 오래입니다.

바야흐로 인공지능이 인간을 초월하는 순간이 언제 닥쳐올지 모르는 시대에 살아가고 있는 것입니다. 호주에서는 인공지능을 발명자로 지정하는 판결을 내린 사례도 있듯이 말이죠.

이러한 우려를 미리 그려본 듯, 영화 '나의 마더'에서는 인간을 양육하는(배양하고 출생시키고 성장시키는) 인공지능 로봇이 등장합니다. 그리고 인간에게 시스템화된 교육을 시키고 인간의 사상을 조절하려고 들죠. 로봇에게 프로그램화된 인간의 모습에 일치하지 않는 인간은 양육되는 도중에라도 폐기 처분되는 신세가 됩니다.

다시 말해서, 인간이 지구에 어울리는 인간의 모습을 정해두고 인공지능 로봇에게 그러한 인간을 만들라고 프로그램해둔 것이죠. 역으로 생각하면, 인간들은 현재 인간의 모습이 지구에 어울리지 않는다고 생각한 것을 알 수 있습니다.

인간이 스스로 생각하기에도 지구에 어울리지 않는 인간이라는 것을 알고 있다는 것이죠. 인간이 지구와 공존하려는 방향으로 살아가려고 하지 않고 지구에 적합한 인간의 모습을 따로 정해두고 기계에게 그 역할을 맞겼다는 설정이 애매하기도 합니다만, 어쨌든 미래에 인간은 기계에게 사육(?)당하는 존재가 될 수 있다는 우려를 전달하고자 했다면 이 영화의 메시지는 제대로 표현된 것이라고 생각됩니다.

인공지능, 조금 더 구체적으로 알아봅니다.

인공지능은 전류가 통하거나 통하는 않는 것을 0과 1로 구분하는 기계입니다. 이게 무슨 이야기이냐고요?

다시 말해서, 0이나 1을 나타내는 걸 비트(Bit)라고 하고, 컴퓨터가 정보로 인식하는 가장 작은 단위인데, 비트가 8개가 모이면 1바이트(Byte)가 되고 비로소 숫자나 문자를 표시할 수 있게 됩니다. 전류가 통하느냐 안 통하느냐를 0과 1로 구분하는 기계가 전류가 통하거나 안 통하거나를 8번 하게 되면 1바이트라고 말하고 1바이트로 숫자나 문자를 표현할 수 있다는 의미입니다.

그리고 bit(비트)란 binary(이진수의) digit(숫자)를 합쳐서 부르는 용어이고, 2bit는 11, 10, 01, 00이라는 2^2=4이므로 4종류의 값을 저장하는 게 가능합니다. 1byte(바이트)는 bit(비트)가 8개이므로 2^8=2x2x2x2x2x2x2x2=4x4x4x4=256가지의 정보를 담을 수 있는 것이죠.

기계는 0과 1을 8번 사용해서 어떤 숫자나 문자로 인식한다는 것이죠. 다른 말로, 어떤 숫자나 문자를 표시하는데 0과 1을 8번 사용함으로써 기계가 인식하도록 한다는 것이고, 기계가 0과 1을 인식하는 속도가 빠를수록 많은 정보를 처리할 수 있다는 의미입니다. 즉, 0과 1이 '기계어(語)'인 것이죠.

비트가 8개인 1바이트는 0과 1을 8번 곱할 수 있으므로 256개의 정보를 표시하는데, 바이트가 늘어나면서 프로그래밍 언어가 되는 것이고 프로그래밍 언어로 인간이 할 수 있는 연산에 의해 기계 동작 제어 등을 하는 인공지능 프로그램이 되는 것이랍니다.

그러므로 엄밀하게 따져서 인공지능(A.I.)에게 지능이 있다고 보는 것은 무리입니다.

'지능'이라는 것을 intelligence(인텔리전스:知能)로서 '문제해결 및 인지적 반응을 나타내는 개체의 총체적 능력(출처:두산백과)'이라고 부를 수 있다면, '문제해결'이란 어떠한 문제를 마주하더라도 주도적으로 해결할 수 있는 능력을 말하는데 그 문제의 가짓수가 무제한이기 때문에 '입력된 정보'만 처리하는 기계로서 컴퓨터에게 어떠한 문제해결을 위한 능력 자체가 없는 것이기 때문입니다.

복잡한 수학 문제를 연산하는 것은 프로그래밍으로 가능하지만 그것을 '지능'이라고 부른다면 문제가 생기기 때문입니다. 스스로 풀이 방법을 창안해서 푼 게 아니라 미리 입력된 연산 방법에 의해 문제를 처리한 것이라서 그렇습니다.

사람들이 기계가 수학 문제 연산한 것을 '지능'이라고 부르면서 '인공지능'이 대단한 것처럼 보이게 된 착시현상이라고도 볼 수 있는 것이죠.

가령, 강아지 사진을 입력하고 이것은 '강아지'라고 입력해두면 그 인공지능은 나중에 그 강아지 사진을 보면 강아지라고 표시합니다. 그런데 강아지를 닮은 고양이 사진을 보여줘도 인공지능은 강아지라고 표시하는 것이죠. 왜냐면 인공지능에겐 그 강아지 모양이 강아지라고만 입력되어 있거든요.

만약에 강아지 닮은 고양이 사진을 보여줄 때 인공지능이 '고양이'라고 표시하게 하려면 다시 처음부터 강아지 닮은 고양이 사진을 보여주고 이건 고양이라고 입력해야 합니다.

강아지를 닮은 너구리 사진을 보여주면요?

인공지능에게 '너구리'라는 단어가 미리 입력되어 있지 않다면 그 인공지능은 또다시 강아지라고 표시하거나 오류가 뜨게 됩니다.

다시 말해서, 정보를 입력하고 답을 입력하는 이러한 반복작업이 무수하게 반복되어야만 인공지능의 답변 가짓수가 늘어날 수 있다는 의미입니다.

인공지능이 스스로 학습하다?

인공지능에게 스스로 학습하는 ‘머신러닝’과 ‘딥러닝’이란 개념이 등장했는데, 딥러닝이란 머신러닝에서 비롯된 것이고, 머신러닝이란 ‘데이터를 분석해서 학습한 후 정보에 대한 결정을 하기 위해 학습한 것을 적용하는 프로그래밍 알고리즘’이라고 할 수 있습니다.

다시 말해서 데이터를 분석하고 저장해둔 후, 나중에 문제가 생겼을 때 미리 학습해둔 데이터 관련 정보를 입력시켜서 문제를 해결한다는 의미입니다. 사람으로 비유하자면 사람이 교육을 받은 후 나중에 어떤 상황에 닥쳤을 때 그 사람이 배운 대로 행동하는 것이라고 이야기할 수 있겠죠.

예를 들어, A라는 사람이 마트에 갔습니다.

A는 자기가 사고 싶은 식품을 샀죠. 이러한 데이터는 인공지능에게 저장되고 나중에 A가 마트에 들렀을 때 A가 샀던 식품들을 분석해서 A가 살 만한 식품들을 추천해주는 처리를 하는 것이죠. ‘기계적 움직임’에 대해 설명하자면 데이터를 분석해서 비슷한 데이터를 표시해주는 것일 뿐입니다.

그런데 이러한 기능까지 ‘인공지능’이라고 부르면 마치 컴퓨터가 A를 분석해서 A의 마음까지 이해하고 식품을 추천해주는 것으로 오인할 수도 있는 것이죠.

혹자는 구글의 ‘알파고’를 떠올리며 ‘인간과 바둑 시합해서 이긴 인공지능’이라고 주장할 수도 있는데, 사실 ‘알파고’라는 건 ‘바둑게임 프로그램’이라고 보는 게 더 타당할 겁니다.

왜냐하면 '알파고'에서 '고'란 의미는 일본어로 '바둑'을 의미하는 '碁(ご:고)'이거든요. '알파고'란 의미는 '알파碁'라는 뜻입니다. '알파'라는 명칭으로 부르는 바둑게임이죠.

생각해보죠,

바둑은 가로세로 19개의 점을 연결하여 이뤄진 게임(혹은, 스포츠)입니다. 19 x 19는 361이고, 바둑을 두면 361개의 바둑 둘 곳이 하나씩 줄어듭니다.

그렇다면 바둑판에서 생길 수 있는 모든 경우의 수는 어느 정도 될까요?

수학적 계산으로는 1/361x1/360x1/359 식으로 모든 수를 곱해야 하죠? 어마어마한 경우의 수가 나올 것으로 생각됩니다.

그런데 이게 사실 기계가 바둑을 두는 것은 혼자 다 두는 게 아니죠. 바둑을 두는 기계가 먼저 뒀다면 1/361의 수를 골라서 바둑알을 두고 상대가 둘 때까지 대기합니다. 상대편이 1/360 가짓수에서 선택해서 두죠. 상대편이 어떤 수를 뒀냐에 따라 기계가 둘 것은 1/359 경우의 수가 됩니다. 이런 식이라면 앞서 계산해본 총 경우의 수에서 기계가 둘 바둑은 1/2이 줄겠죠?

그런데 알파고는 미리 바둑 고수로부터 교육(?)을 받았습니다. 웬만한 바둑 기보법을 익힌 것이죠. 사람들이 바둑 기보법을 기계에게 입력해둔 것입니다.

알파고는 기보법 데이터에 따라 바둑을 한 수 한 수 놓을 때마다 승률을 계산할 수 있는 이유입니다. 알파고는 상대편이 한 수 둘 때마다 자기가 둔 바둑알과 상대가 둔 바둑알이 진행될 수 있는 경우의 수를 미리 연산해 두고 상대의 바둑알에 따라 승률이 높은 수대로 바둑알을 놓는 것이죠.

엄밀히 따지면 알파고랑 바둑을 둔다는 것은 인공지능이랑 바둑을 둔 게 아니라 자기 스스로 바둑을 둔 것이라고 할 수 있습니다. 자기가 바둑을 두면 자기 수의 약점을 아는 것이죠. 알파고는 그 약점을 파악해서 바둑판 위에 바둑알을 놓는 것입니다.

말하자면, 인공지능이랑 바둑을 둔 게 아니라 자기 혼자 바둑을 둔 건데 그 사이에 인공지능이 자기 바둑의 약점을 짚어준다는 개념이라고 할 수 있습니다. 인공지능이 사람의 바둑을 분석해서 경우의 수에 따라 승률이 높은 대로 바둑을 둔 게 아니라 인공지능은 사람이 두는 바둑을 학습만 한 것이고 그 사람이 그렇게 바둑을 두면 몇 퍼센트의 확률로 진다는 것을 알파고의 승률로 바꿔서 표시해준 것이라는 의미입니다. 필자의 생각입니다만, 알파고를 이기려면 바둑 기보법에 없는 '수'를 놓아야 할 것입니다. 미리 입력된 알파고의 데이터에 없는 것이죠. 그래야만 알파고가 논리적 오류를 일으켜서 승률을 계산하지 못할 것이거든요.

기억나시나요?

알파고가 이세돌 기사랑 바둑 대국을 둘 때에 이세돌 기사가 이긴 적이 있습니다. 그런데 그때 알파고를 보면 알파고가 "졌다"라는 문장을 사용한 걸 혹시라도 보신 기억 있으십니까? 승률을 계산하지 못하고 오류가 난 상태로 보였을 뿐이죠?

바둑 고수가 알파고랑 대결을 한다?

그게 아니고, 고수는 혼자서 바둑을 두는 것이고 알파고는 고수에게서 바둑 데이터를 학습한 것일 뿐이라고 보는 게 타당하다고 생각하는 이유입니다.

인공지능이란 사람처럼 상상, 편집, 조합, 표현을 해내는 것이 아닙니다.

복잡한 데이터 처리에 지나지 않는 것이죠.

다만, 사람 지능은 '뇌'에 저장되고 스스로 학습해야만 각자 지능이 된다는 것인데 인공지능은 기기를 옮겨 다닐 수 있고, 공간을 날아가서 전달될 수도 있다는 것, 이동과 저장이 자유롭다는 게 장점입니다.

그런 점에서 오랫동안 고생해온 '인간의 지능'은 자기를 쉬게 해줄 수 있는 인공지능을 만들어냈고 인공지능은 소설 창작, 시 창작, 그림, 영화시나리오, 패션디자인 등 인간의 다양한 영역에서 인간을 대신해나가고 있는 상황이라고 보입니다.

정리하자면, 2022년엔 인공지능이 온라인 사용자들의 빅데이터를 데이터로 학습해서 온라인 사용자들의 소비성향을 제시하는 비즈니스 모델이 더욱 성장세를 이어갈 것입니다.

일례로, 모 출판사에서는 빅데이터를 기간별, 계절별, 제목별, 가격별, 분량별, 표지별, 디자인별, 내용별 등 세부사항으로 다양하게 데이터값으로 입력하고 분석해서 독자들이 구매할만한 책을 기획해서 출판합니다. 이 출판사에서 출간하는 책들은 대부분 베스트셀러가 되었습니다.

모 패션회사에서는 소비자들이 선택한 옷들을 이러한 방식의 데이터로 인공지능에게 학습시켜서 소비자들이 좋아할 만한 디자인의 옷들을 출시했습니다. 이 패션회사의 옷들은 재고 걱정을 하지 않아도 되었습니다.

다른 산업 분야에서도 마찬가지였습니다.

인공지능이 예측을 하는 게 아니고 기계에 미리 입력된 데이터값에 따라 소비자의 성향을 분석해서 그 값을 표시하는 것뿐입니다. 소비자들에게는 일정한 쇼핑 패턴이 있는데 그 데이터를 분석해서 패턴을 표시해낸 것입니다.

그래서 인공지능이 내놓은 결과라고 하더라도 현실과 100%는 맞을 수 없는 것이고, 대부분 그저 일정 부분이 비슷하게 진행되는 것입니다. 인공지능이 예측한 값이 아니라 소비자들의 정형화된 패턴이 분석된 결과일 뿐이라는 의미죠.

다른 예를 들어 보죠.

모 작가의 소설이 인기라고 해보죠. 어느 백화점에서 일어나는 불가사의한 마법 이야기가 대중들에게 큰 인기를 끌었다고 하죠. 독자들이 열광합니다. 이 소설은 백화점-주인공 집-대결장-비행기-기차-지하철 순서대로 이야기 구조가 흐른다고 해보죠.

그러면 독자들의 독서 후 반응은 어떻게 될까요?

'이런 책 더 없나?'

비슷한 책을 찾게 됩니다. 그런데 시기적절하게 비슷한 이야기 구조를 갖춘 무명작가의 소설이 나온다고 해보죠. 이번엔 백화점이 아니라 문구

점이라고 해보죠. 문구점에서 일어나는 불가사의한 마법 이야기를 소재로 나왔습니다. 이번 소설의 이야기 구조는 문구점-주인공 집-대결장-비행기-기차-지하철 순서입니다. 이야기 구조는 같은데 줄거리가 다릅니다. 주인공 직업도 다르고 등장인물도 다릅니다.

독자들의 반응은 어떨까요?

이 소설도 인기를 끌 가능성이 높습니다.

왜냐하면, 소비자의 구매 패턴이 '시장의 확산'을 불러왔기 때문입니다.

TV 프로그램에서도 자주 보이는 현상이고, 영화나 드라마에서도 마찬가지입니다. 얼굴을 가면으로 가리고 노래 부르는 프로그램이 인기라면 가수가 숨어서 노래 부르는 프로그램도 인기를 얻습니다. 두 프로그램은 '가수가 처음에는 등장하지 않는다'라는 이야기 구조가 같아서라고 설명할 수 있습니다.

또 다른 표현으로 '패스트 팔로워fast follower'라고 설명할 수 있습니다. 잘 팔리는 상품을 분석해서 빨리 비슷한 상품을 출시하는 것, 소비자들이 선호하는 상품을 소비자들의 취향에 맞춰 출시하는 것이죠.

다른 예로, 헐리우드에서는 언젠가부터 영화시나리오를 인공지능도 씁니다. 인공지능에게 수많은 히트 영화들의 시나리오와 주연배우와 관객수, 수익 등의 데이터를 입력해두고 새로 만들고 싶은 영화의 줄거리, 주인공, 예산 등을 입력하게 되면 인공지능이 기존의 데이터를 분석해서 새로운 영화시나리오를 써줍니다. 주연배우는 누구, 예산은 얼마로 인공지능이 정해주죠. 그 안에서 알맞은 시나리오를 써내죠.

어느 순간부터 헐리웃 영화보다 우리나라 영화가 더 인기인 이유가 뭐라고 생각하시나요?

헐리웃 영화는 어딘지 모르지만 '정형화'되었다는 느낌 안 드십니까? 제가 보기엔 제작시스템의 차이라고 봅니다. 헐리웃 영화는 제작 전 과정이 시스템화되어 있어 데이터로 입력하기도 쉽습니다.

그런데 한국의 제작현장은 계획대로 가는 게 아니라 현장에서 부지불식간에 변하기도 하고 현장에서 새로운 시나리오를 쓰기도 하거든요. 우리나라 영화 현장은 현장에서 데이터가 새로 생기는 것이죠. 그래서 우리나라 영화의 소재가 다양한 반면에 인공지능이 시나리오를 쓰는 헐리웃 스타일의 영화는 정형화되는 것이고요.

이렇듯 2022년 인공지능 트렌드는 데이터 산업의 활성화를 불어올 것인데, 특히 우리나라는 1인 가구가 확산되어 있어서 이러한 데이터를 가공하고 취합하여 입력하는 분야에서 수요가 급증할 것으로 보입니다.

Trend:

인플루언서(Influencer)

ㄴ 인터넷에서 영향력을 넓혀가다

'인플루언서'란 전에 없던 새로운 개념은 아닙니다.

'영향력'이라는 뜻을 갖는 영어단어 'influence(인플루언스)'와 '사람'을 뜻하는 접미사 '-er'를 합쳐 만든 단어입니다. 예로부터도 타인에게 영향력을 주는 사람이라면 인플루언서라고 부를 수 있었다는 뜻입니다.

가령, 현실에서는 '오피니언 리더(Opinion Leader)'를 '영향력을 주는 사람'이라는 점에서는 인플루언서라고 부를 수도 있는 것이죠. 그런데 인터넷에서 SNS(사회관계망서비스)가 등장하면서 인플루언서라는 용어가 주목받게 되었다고 봐야 합니다.

인터넷에서 인플루언서를 의미하는 단어들은 구독자가 많은 블로그를 운영하는 파워블로거(Power Blogger), 콘텐츠를 만드는 사람으로서 크리에이터(Creater), 게임 하는 상황을 방송으로 보여주는 스트리머(Streamer)라고도 부를 수 있는데, 현실에서 영향력을 가진 사람이란 의미로는 오피니언 리더뿐만 아니라 인기 있는 모든 사람, 즉 '스타(Star)'에 해당될 수도 있고, '정치인'도 해당될 수 있습니다. 다른 사람들에게 영향력을 가진 사람이라면 누구에게나 인플루언서라는 호칭을 붙일 수 있습니다.

그런데 요즘 '인플루언서=돈'이란 공식이 인정되는 것이죠?

타인에게 영향력을 가진 사람이란 의미에서 선의의 선한 영향력을 준다는 것도 있지만 연예인들이나 유명인들의 경우 사람들에게 많이 알려지고 유명한 사람들은 그들의 '인지도'를 바탕으로 광고모델에 나서고 미디어에 등장하면서, 인터넷에 개인방송 채널을 운영하거나 개인 SNS에서도 많은 사람들을 팔로워로 보유하면서 이러한 '인플루언서' 명함을 내걸고 있습니다. 온·오프라인에서 인지도만 얻는다면, 인기만 얻는다면 누구에게나 인플루언서라고 부르는 상황이죠.

하지만 인플루언서의 홍수 속에서 앞으로는 진정한 인플루언서는 자기주장을 하는 사람만을 의미하진 않게 될 것입니다. 자기주장을 하되 '논리'가 합리적이면서 타인에게 선한 영향력을 갖춘 사람들만이 진정한 의미의 '인플루언서'로 각광받게 될 것이고, 그 결과 '인플루언서'는 사회 각 방면에서 진면목이 가려지는 시대가 되는 것입니다.

'인플루언서'가 되려면 어떤 방법이 있을까요?

인플루언서가 되는 방법으로는 페이스북(facebook.com), 인스타그램(instagram.com), 트위터(twitter.com), 유튜브(youtube.com) 등 SNS에서 채널을 만들고 팔로워 수가 많이 생기면 인플루언서라고 부르죠.

가령, 유튜브에서는 채널을 만들어 1인 방송을 하거나 콘텐츠를 만들어 업로드하는 건데, 유튜브에서도 동영상마다 시청자 수가 많고 채널의 구독자 수가 많은 사람을 가리켜 인플루언서라고 부릅니다.

페이스북에서 친구가 많거나 인스타그램에서 팔로워가 많아도, 트위터에서 팔로워가 많아도 모두 다 인플루언서라고 부르게 됩니다. 어찌 생각하면 온라인에서 팔로워가 많고 인기 있는 사람을 인플루언서라고 부른다고 생각할 수 있죠.

이렇듯 인플루언서가 되려는 사람들, 인플루언서가 된 사람들이 많아지면서 다양한 전략(?)이 도출되기도 했습니다. 이른바 '인플루언서가 되는 방법'인데, 다른 표현으로는 'SNS에서 마케팅 효과 높이는 전략'이라고도 부르겠습니다. 어떠한 전략들이 있는지 살짝 소개하자면 이렇습니다.

가령, 블로그에서 인플루언서 되는 방법을 소개하죠.

포털에서는 아이디를 1인당 3개까지 만드실 수 있는데, 운영하는 블로그가 이미 있는 분은 추가로 만드셔서 블로그를 이용하는 방법입니다. 추가 블로그를 만드신다면 아이디를 인기 있는 인플루언서처럼 영어단어로 조합해서 만들어야 하고, 블로그에 올리는 글들은 3일에 한 개씩은 꾸준히 올려주는 게 중요합니다. 블로그 운영 상태가 조악하다면 저품질 블로그가 되어서 운영하기가 더 어려워집니다.

일단은, 블로그에선 각 글들마다 '태그'를 10개까지 넣으실 수 있는데, 블로그 이웃을 늘리는 단어들을 넣어주는 게 중요하겠죠. 이웃추가, 이웃소통, 블로그친추, 즐겨찾기, 소통블로그, 서로이웃 환영 등처럼 블로그로 소통하겠다는 의지를 보여주는 태그 단어들이면 좋습니다.

블로그에 올리는 글의 제목을 쓸 때는 자기가 올리려는 글 내용을 미리 검색해보고 포털사이트 첫 페이지에서 표시되는 '연관검색어'를 사용하는 게 좋습니다. 이 연관검색어도 태그로 넣어주시면 되고요. 글에 사진을 포함할 경우에는 사진 이름으로 연관검색어, 글 주제, 인기검색어를 넣어 만들어주세요. 그래야 검색에서 노출 가능성이 높아지고 블로그 방문자가 늘어날 수 있습니다. 사진 파일의 이름은 길어도 됩니다.

인스타그램에서 인플루언서가 되는 방법도 있죠.

우선 아이디 만들기는 위에 블로그의 경우를 참고해주세요. 다만, 인스타그램 계정은 한 명이 여러 개 만드실 수 있는데, 이메일 계정이 여러 개 있으면 그 수만큼 계정을 만드는 게 가능합니다. 이런 방식을 이용해서 인스타그램에서 팔로워 수를 늘려주겠다며 유료로 대행하는 사람들이 있는데, 이들은 프로그램으로 '유령 계정(사용자가 없는 계정)'을 만들어둔 후에 주문하는 사람이 있으면 미리 만들어둔 계정들을 사용해서 팔로워 수를 늘려주는 것이므로 괜히 팔로워 수에 집착하셔서 헛돈 쓰시지 않기를 바랍니다.

인스타그램에 계정을 만드신 후에 자신의 사진을 사용해서 인스타그램 계정에 글을 올려주는 것이고, 각 사진에 관련된 글을 본문 내용으로 넣으셔도 됩니다. 최소한 사진 한 개당 글 한 개를 꼭 올려주면 좋습니다.

그렇게 대략 20개 정도 글이 되고 나서, 인스타그램에서 [검색] 기능으로 자신의 계정과 관련된, 서로 팔로워 할 만한 계정을 검색해보고 검색결과로 나오는 계정을 모두 '팔로잉'을 눌러주세요. 한 번에 대략 300여 개까지는 하실 수 있고, 일정 시간이 지난 후에 다시 팔로잉을 추가하실 수 있습니다.

팔로잉하고 나서 그 사용자들이 업로드하는 글들마다 '좋아요' 눌러주시고 댓글을 달아주세요. 이 부분이 제일 중요합니다! 그 사람들의 글들마다 댓글로 인사해주시고 소통해주세요. 그러면 그 사람들이 여러분의 계정을 다시 보려고 오고 팔로잉을 눌러줄 겁니다.

인스타그램에서는 각 글마다 해시태그를 붙이면 좋은데, #맛집 #맛집추천 #추천맛집 #맛스타그램 #여행 #맛집탐방 #ㅇㅇ역맛집 #ㅇㅇ맛집 등처럼 인기 태그들을 가능한 많이 넣어주는 게 좋습니다. 다만, 태그를 넣을 때는 글에 붙여 같은 페이지에 넣어주는 대신 댓글을 활용하는 방법을 추천합니다. 자신이 올린 글에 댓글을 달 수 있는데요, 댓글에다가 태그를 넣어주는 것입니다. 이러면 인스타그램에서 어떤 사용자가 특정 키워드를 검색했을 때 그 사람에게 내 글이 표시되더라도 그 사람이 검색한 내 글에는 태그가 표시되지 않죠. 태그 없는 글로 보여지는 방법이죠. 그러면 다른 사용자들이 인스타그램에서 검색할 때 나의 계정이 표시될 가능성이 많아지고 내 계정에 와서 팔로워가 될 수 있어서입니다.

유튜브에서는 조금 다른 전략인데요,
한 마디로 하자면, '추천 동영상 목록에 노출되는 전략'입니다.

생각해보죠.

유튜브에 접속하면 처음 화면에 표시되는 동영상을 보는 게 일반적입니다. 물론, 유튜브에서 '검색'해서 원하는 동영상을 찾아보는 사람들도 있습니다. 그런데 내가 만든 채널, 내가 만든 동영상이 유튜브 처음 화면에 표시되는 것은 매우 어렵습니다. 사람들이 내가 만든 동영상을 검색해서 찾아보게 하는 것도 쉽지 않고요.

그러면 어떤 방법이 있을까요?

'추천 동영상'입니다.

예를 들어, 유튜브에서 동영상을 시청하는 사람들에겐 보편적인 특징이 있습니다. 화면 오른쪽으로 시선을 돌려 '추천 동영상'을 고르는 행동이죠. 검색을 하건, 유튜브 처음 화면에서 동영상을 보건 간에 일단은 '추천 동영상' 목록을 훑어봅니다.

유튜브 알고리즘도 사람들의 이러한 특징을 놓치지 않고 이용합니다. 그 사람이 본 동영상이랑 비슷한 동영상을 추천 동영상 목록에 올립니다. 사람들이 유튜브에 더 오래 머물게 하는 장치인 셈이죠. 이 전략을 그대로 활용하는 게 유튜브에서 구독자 늘리는 아이디어입니다.

핵심을 먼저 이야기하자면, 여러분은 채널에 사용할 닉네임을 정할 때 '여러분이 만드는 콘텐츠와 비슷한 콘셉트의 채널 운영자가 사용하는 닉네임'을 활용하면 좋습니다. 유명한 닉네임에 사용된 음절 중에서 몇 개를 포함시켜서 여러분의 닉네임을 정하는 방법입니다. 이렇게 하면 알고리즘이 추천 동영상 목록에 넣어줄 가능성이 높아질 수 있습니다.

그다음엔 유명한 동영상의 제목과 비슷한 제목으로 동영상 제목을 정하는 방법입니다. 알고리즘은 유사한 제목의 동영상을 추천 동영상 목록에 올려줄 가능성이 높거든요.

또 다른 전략은 사람들이 유튜브에서 많이 찾는 '검색어'대로 동영상들을 만들어서 구독자 수가 확보될 때까지 일정 기간 동안 유지하는 방법이 있습니다. 인기곡, 찬송가, 인기가수 뮤직비디오 등이 있고, 각 시점에 뜨는 이슈를 소재로 동영상을 만드는 방법이죠.

유튜브에서 알고리즘은 사람들이 '검색'을 하면 최신 동영상 위주로, 내용이 알찬 동영상 위주로 '추천 동영상 목록'에 표시할 수 있습니다.

그렇다면 사람들이 많이 찾는 '검색어'는 어떤 게 있을까요?

게임 이름, 유명 연예인 이름, 개봉영화 제목, 선거철에는 정치인 이름 등이 포함된 동영상들입니다. 사람들이 항상 검색을 많이 하는 검색어는 크게 다르지 않거든요. 이러한 동영상을 업로드하게 되면 채널 운영 시작부터 조회 수, 구독자 수를 어느 정도 기대 이상으로 확보할 수 있습니다.

예를 들어 볼까요? 2022년에 선거 이벤트가 있습니다. 유튜브 채널에 올라오는 동영상들을 보면 정치 관련 콘텐츠가 많습니다. 대부분의 동영상들이 주목할만한 조회수를 기록합니다. 그만큼 사람들의 관심이 높습니다.

왜 그럴까요?

그 이유는 시청자들마다의 정치적 관점이 다양하기 때문입니다. 정치에 대해 이야기하는 A라는 동영상을 유튜브채널에 올렸다고 해보죠. A 동영상 콘텐츠를 선호하는 시청자들이 봅니다. 그리고 A 동영상 콘텐츠를 선호하지 않는 시청자들도 A 동영상을 봅니다. A 동영상 한 개에 시청자가 두 배입니다. 조회수가 높지 않을 수가 없겠죠? '선호도'와 '비호감', '신뢰'와 '불신'이 대립하는 구도에서 조회수가 2배가 되는 구조라고 할 수 있습니다.

구체적으로 설명해보겠습니다.

'이슈'와 '논리'라는 키워드로 예를 들어 보죠.

국제스포츠대회가 A나라에서 개최됩니다. A나라 지도에 C섬이 A나라의 영토로 표시되었고 B나라는 즉각 항의를 했습니다. C섬은 A나라와 B나라 사이에 있는데 B나라 영토인 것을 자꾸 A나라가 자국 영토라고 우기는 상황이거든요.

이 상황으로 정치방송 이슈가 생겼다고 해보죠.

이번엔 여기에 논리를 붙여봅니다.

B나라는 A나라에 열리는 이 대회에 참여해야 할까요? 불참해야 할까요? 참여하자니 C섬이 A나라땅이라는 묵시적 동의로 오인받을 수 있고, 불참하자니 그 자체로 국가분쟁 사례가 되어 국제재판으로 갈 것 같다면요? B나라에 어떤 정치인은 C섬 관련 이슈를 타고 그 대회에 불참하자는 주장을 하자고 나섰다면요? 한쪽에선 참석하라 하고 다른 쪽에선 불참하라 한다면?

참여를 하라는 쪽에서는 불참하게 되면 '제대로 일을 하지 않는 것'이라 주장합니다. 불참하라는 쪽에서는 '참여하게 되면 C섬 영유권을 빼앗기는 것이라며 제대로 일을 하라'고 주장합니다. 양쪽 진영의 논리가 팽팽하고 인원 수도 많습니다. 서로 우리가 대다수 의견이라고 주장합니다. 길거리 서명운동도 벌입니다. 어느 쪽 결정을 내리든 다수의 국민적 저항은 필연적으로 보입니다.

“정부는 왜 제대로 일을 처리하지 못하고 미적거리는가?” 불만이 솟구칩니다.

국제기구에 중재 요청을 했는데 미온적이라면요? 민감한 사안이라며 발을 넣지 않으려는 느낌이 듭니다. 정치적으로는 A나라에서 살아가는 B나라 국민들의 안전도 고려해야 하고 무역관계도 고려해야 합니다. 미온적인 상황을 의도한 게 아닌데 국민의 시선에 비춰지기로는 답답하고 무능한 정치로 비춰질 수도 있습니다.

그런데 이러한 상황은 집권세력에겐 문제이지만 야권세력에게는 호재로 작용할 수 있는 것이죠. 국가적 문제인데도 야권 입장에서는 오히려 미온적으로 답답한 상황을 내심 즐기는 게 아닌가 의문이 들 수도 있습니다. 여당의 무능함이 반사이익이 되어 야당의 지지도가 높아질 수 있어서 입니다. 야당은 야당대로 현안에 무신경한 것으로 비춰지기도 합니다. 양분된 국민 여론은 정치적 유불리에 따라 상대방을 힐난하고 제대로 일하라고 힐책하게 될 수 있습니다. 여러분이라면 이러한 상황을 어떤 논리로 풀어낼 것인가요? 이러한 내용의 콘텐츠를 올리게 되면 A나라, B나라의 국민들 모두에게 관심을 받을 수 있게 되는 것이겠죠?

위처럼 인플루언서가 돈을 많이 벌면서 각종 SNS 플랫폼에는 위처럼 짧은 기간에 인플루언서가 되는 전략들이 속속 공개되고 있는 것이죠.

그런데 이러한 인플루언서의 개념이 변화하고 있습니다.

일례로, 2021년 2학기에는 등교수업을 하려던 각급 학교에서는 코로나19 바이러스 확진자 급증세로 비대면 수업 체제로 전환했다는 사실에 주목합니다. 일시적으로 9월 한 달간, 또는 10월까지라는 한시적이라는 조건을 달긴 했지만 코로나19 바이러스 확진자 상황에 따라 비대면 수업 상태가 지속될 수도 있는 것인데, 중요한 것은 이러한 비대면 수업 방식에 의한 교수진과 학생들 사이 '수업'에 대한 인식의 변화입니다.

비대면 수업 초창기에는 낯섦으로, 익숙지 않아서 비대면 수업을 꺼리던 교수진은 점차적으로 비대면 수업에 익숙해지고 있습니다. 수업자료를 준비하고 동영상 강의를 하는 식으로 온라인 비대면 수업을 하더라도 등교수업에서 배우는 정규학습에 걸맞게 비대면 수업의 질을 올리고 있는 것이죠.

학생들은 학생들대로 비대면 수업에 익숙해지고 있습니다.

온라인으로 수업을 듣고 시험을 보고 온라인에서 친구들을 만납니다. 물론, 비대면 수업으로도 동아리 활동을 나름대로 이뤄지고 있습니다. 사회적 거리두기로 인한 집합 인원 제한이 있긴 하지만 해당 인원수에 맞게 정해진 시간대로 동아리 활동을 하는 데 큰 문제는 없어 보입니다.

다만, 비대면 수업 방식이 이어지면서 대학생들은 등록금 반환을 거론하기 시작하고 있는데, 교육부와 지원과 등록금에 의해 재정 유지를 하는 대학들로서는 비대면 수업을 지속하기가 불편할 수도 있습니다. 그 결과 사회적 거리두기 단계를 유지하면서도 개인방역수칙을 철저히 준수한다는 조건 하에 대면 수업, 등교수업이 가능하게 될 수 있는 것이죠.

자, 그러면 그다음의 변화입니다.

우선, 인터넷에서 인플루언서가 활동해온 무대는 블로그, 페이스북, 인스타그램, 트위터 등의 개인 SNS 기반 인터넷서비스이고, 2020년대에 등장해서 큰 인기를 얻은 '틱톡tiktok'과 메타버스 시대에 들어오면서 '제페토(zepeto)' 등에서의 인플루언서 활동도 성장 추세인 것만큼은 확실합니다.

그런데 인플루언서들이 지속될 것인가에 대해선 의문을 가질 수 있습니다. 인플루언서들의 '승자독식' 현상이 계속될수록 사람들에게 식상함을 주게 된다는 점입니다. 인스타그램에서, 페이스북에서, 블로그에서, 트위터에서, 틱톡 등에서 인플루언서라고 하는데 찾아보니 그 사람이 그 사람이더라 하는 점입니다.

페이스북 스타가 인스타그램에 와서 다시 인스타그램 스타가 되는 현상이죠. 온라인상에서는 A의 팔로워가 A를 따라 이동하는 경향이 강하고 이러한 영향력 덕분에 인플루언서들이 광고모델을 하고 광고 제작을 할 수 있는 것인데, 인터넷 플랫폼을 옮겨 다니면서도 똑같은 영향력을 갖게 되는 예기치 않은 현상이 생길 수 있는 것입니다. 그렇게 되면 인플루언서의 파급력은 감소되고 인플루언서 홍보마케팅은 매력이 떨어집니다.

새로운 스타가 등장해야 하는데 매번 같은 스타들만 있다면 광고가 집중되게 되고 사람들은 어떤 상품이라도 똑같은 인플루언서가 광고하게 된다면 금방 식상하게 느낀다는 것이지요. 인플루언서 홍보시장이 쇠퇴하게 될 소지가 생깁니다.

그렇다면 대안은 무엇일까요?
사람들은 어느 곳으로 움직일까요?

인터넷 동영상플랫폼에 익숙한 세대, 가치 소비와 합리적인 판단을 중시하는 세대, MZ세대는 메시지 소통과 동영상 시청에 익숙한 경험이 있습니다. 그런데 그다음 세대도 메시지 소통이나 동영상에 익숙한데 이들은 아직 대다수가 학생 신분입니다. 그것도 코로나19 팬데믹으로 인한 비대면 수업에 익숙한 세대가 되었습니다.

대학생이 되었지만 캠퍼스 생활을 못해보고 졸업할지 모른다는 우려 섞인 세대, 초등학교에 입학했지만 친구 한 번 만나지 못하고 초등학교 고학년으로 올라가는 세대, 친구들과 선생님을 온라인으로 모니터로 만나는데 익숙해진 세대, MZ세대가 1980년대 생~2000년대 사이에 태어난 사람들을 의미한다면 2010년~2015년에 태어나 출생하자마자 스마트폰 환경에서 자라난 세대, 온라인 비대면 수업에 익숙하게 된 세대, 이들을 가리켜 '알파 세대'라고 부르는데, 이들은 로블록스 또는 제페토 같은 메타버스에 열광하는 세대이기도 하죠.

그리고 2022년엔 이들에게 있어서 비대면 수업환경이 하나의 수업방식으로 자리 잡게 되면서 실시간 수업환경, 장소 불문 동시대 수업환경으로 확장됩니다. 스마트폰 한 대만 있으면 어디에서든 학교 수업을 들을 수 있는 시대이니까요.

알파 세대?

2010년 이후 출생자들은 글로벌 경기 침체 직후에 태어난 사람들입니다. 그들의 부모는 30대 전후 연령층이 다수일 것인데, 대기업에 다니는 직장인 부모를 두었거나 공무원 등 안정적인 직업을 가진 부모를 둔 알파 세대들은 생활에 안정적이었지만 그렇지 못한 사람들은 어려서부터 가난을 경험한 세대들이 됩니다.

이른바 '수저 계급'이 등장한 것도 이 시기입니다.

학교에 가면 학생들끼리 아파트 브랜드 이름으로 무리를 지어 다니기도 하고 부모의 월급 수준을 빗대어 200따리, 300따리라는 조롱성 호칭으로 놀림감을 삼는 것도 경험한 세대입니다. 학교 수업은 자기 주도 학습이고 논술 교육이 강화된 시기라서 자기주장을 펼치는데 익숙한 세대들입니다.

대화보다는 문자 소통에 익숙한 세대들이고 페이스북 메시지, 카카오톡 메시지, 인스타그램 다이렉트 메시지(디엠, Direct Message)로 대화하면서 프러포즈도 하고 사귀기도 하고 이별도 하는 텍스트 소통 세대입니다.

카카오톡 메시지를 보며 고민하다가 인터넷 커뮤니티에 대화를 캡처한 화면을 올리며 무슨 뜻인지, 상대방의 심리가 어떤 상태인지 고민을 나누는 세대입니다. 유튜버, 스트리머, 크리에이터 중에서 자기가 생각하는 비전 모델이 있고, 커뮤니티 활동이 주를 이루는 삶을 살아가는 세대인 것이죠.

또한, 학교 진학에 따라 서연고(서울대, 연세대, 고려대), 지거국(지방거점 국립대학), 서성한(서강대, 성균관대, 한양대), 중경외시(중앙대, 경희대, 한국외국어대, 서울시립대), 건동홍(건국대, 동국대, 홍익대) 등으로 학교 구분을 하는 세대(그들의 표현에 의하면)이고, '밀리터리 덕후(한 가지에 몰입하는 취미를 가진 사람)'이면 '밀덕'으로 부르는 등, 곤충이면 곤충,

태풍이면 태풍 등, 장르와 대상을 가리지 않고 자기가 좋아하는 한 분야에 대해 집중적으로 깊이 있게 공부하여 전문가 이상의 지식을 갖추는 게 일반적인 세대들입니다.

부모의 스펙도 중시해서 가족 간에도 가족애를 중시하면서도 자기와 가족은 구분해서 자기 삶 중심으로 살아가려는 세대이고, 동거에 대해서도 개인의 자유이자 성소수자에 대해서도 개인의 자유로서 자기에게 피해를 끼치지 않으면 상관없다는 가치관을 지닌 세대입니다.

통일에 대해서도 굳이 통일을 해야 할 이유가 무엇인지 되묻는 세대이고 자기 삶의 스펙과 이성 간 교제에 대해 혼자 생각하고 결정하기보다는 또래 커뮤니티에서 의논하고 또래들과 대화하고 의견을 듣고 결정하려는 성향이 강한 세대입니다. 학교 교육을 받더라도 자기 스스로 논리적으로 생각해서 불합리한 점이 있거나 편향된 수업이고 문제가 있다고 생각되면 교수를 상대하여 정당한 이의 제기에 나서는 세대들입니다.

특정한 기간에 태어난 사람들의 성향에 대해 이렇다 저렇다를 규정짓는 것은 불가능한 일이겠습니다만, 여기서 기술하는 것은 사회문화적 환경에서 성장하는 알파 세대의 성향에 대해 대략적인 특성을 설명하는 차원이라는 점을 미리 밝혀둡니다.

다시 본론으로 들어와서, 코로나19 팬데믹 상황으로 이 세대가 겪은 2020년, 2021년이 지나 2022년엔 인플루언서들이 비대면 수업 환경에서 탄생하게 된다는 점입니다.

동영상 강의를 하는 교직원들이 인플루언서가 되어 SNS 서비스나 인터넷 강의에 나서게 되고, 학교 수업은 실시간에서 벗어나 다운로드 download 방식으로, 학생들이 자기가 공부하고 싶을 때 접속해서 공부하는 방식으로 점차적으로 전환될 것입니다. 인플루언서 시장의 저변 확대 또는 규모 확장이 이뤄지는 원년이 될 것이고, 교직원과 학생들이 만들어가는 새로운 수업환경이 등장하는 원년이 될 것입니다.

그래서 비대면 수업방식 교재가 다시 나와야 하고, 학교와 학생 간 등하교 개념이 웹사이트 로그인 접속, 로그아웃 방식으로 바뀌어야 합니다.

원격교육 시스템에 변화가 필요하게 되죠. 스마트폰 화면 확대, 폴더 스마트폰이 등장하면서 수업교재 동영상 화면을 보는 것도 무리가 없어졌습니다. 학생들은 언제 어디에서든 수업을 듣고 시한 내에 시험을 제출하거나 리포트 같은 보고서를 제출하면 학점을 받게 됩니다.

학교 건물은 유지하되 점차적으로 축소되거나 사라질 것이고, 출생자 수 감소로 인한 학생 수 감소 상황에 맞물려 온라인 비대면 수업은 코로나19 사태로 인한 일시적 방편이 아니라, 항시적인 학교 수업 이수 방식으로 유지될 것입니다. 그 원년이 2022년인데, 코로나19 팬데믹을 겪은 사람들이 2020년 및 2021년에 경험한 비대면 수업에 대해 거부감 없이 적응하게 되는 원년이기도 할 것입니다.

Trend:

사물인터넷(Internet of Things)

↳ 우리집 가전제품이랑 대화하는 시대

자동차는 처음에 출시되면서 수동 기어를 썼습니다.

1단부터 5단까지 운전자들은 경사도에 따라, 속도에 맞춰 기어를 조작했죠. 자동차는 운전자의 기억 조작에 따라 속도를 높이기도 하고 경사진 가파른 길을 오르기도 했습니다.

그뿐 아니죠?

자동차가 후진할 때는 후진 기어를 놓아야 했습니다.

더 있죠?

승용자동차는 1단 기어에 놓고 출발합니다.

반면에 트럭이나 화물자동차는 2단 기어에 놓고 출발합니다. 운전면허

시험을 보러 갔는데 기어를 잘못 놓아서 출발도 못해보고 탈락하는 응시자들도 많았습니다. 출발선상에서 삐빅! 출발하라는 신호가 났는데 출발선에 선 채 자동차만 덜컹거리는 모습도 보였습니다.

여지없이 탈락이었죠.

기어를 잘못 조작해서 그랬습니다.

네, 물론, 제 얘기입니다.

그 이후에 그래도 1종 보통 면허를 땄지만. 아무튼 그래서 자동차 운전은 기어 조작이 매우 중요했습니다.

그런데 자동차에 오토매틱 기어가 등장했습니다.

승용자동차용 오토매틱 기어가 처음 선보인 것은 영국의 란체스터 3형제 중 프레드가 고안한 3연 풀리셀렉터(Fully Selector)식 기어 박스(Gear Box)로써 1900년에 출시된 10마력형 가솔린 4륜차라고 알려져 있습니다.

그리고 시대가 지나 이제는 '자율주행차'가 되었습니다.

독일에서 칼 벤츠가 가솔린 자동차 '페이턴트 모토바겐'을 선보인 것은 말 없는 마차를 넘어 말없이 달리는 마차로써 세상을 떠들썩하게 만들었죠, 이 시기가 1886년입니다. 그리고 1926년에 미국 뉴욕에서 브로드웨이 일대에 난리법석이 벌어집니다. 운전사 없이 움직이는 자동차가 등장했거든요. 프렌시스 후디나가 자동차에 전파 송신기와 회로 차단기를 설치하고 운전기사 없이 자동차를 움직이게 만들었던 것이죠.

그렇다면 우리가 떠올리는 요즘의 자율주행 자동차의 개념은 언제 처음 등장했을까요? 1939년 뉴욕 세계박람회로 거슬러 가야 합니다.

우리나라는 일제강점기 시대네요.

당시 뉴욕에서 열린 박람회장에는 제너럴 모터스가 설치한 전시관 '퓨처라마(futurama)'가 있었는데, 산업디자이너 '노먼 벨 게디스'는 컴퓨터 시스템과 자동속도조절장치를 갖추고 질주하는 미래의 자동차를 묘사했습니다.

우리가 알고 있는 그 자율주행 자동차랑 다를 바 없는 것이었죠.

물론, 실제 자율주행 자동차가 출시된 것은 다시 시간이 흘러 1977년에 일본 쓰쿠바기계공학연구소에서 미리 그려둔 흰색표시를 따라 주행하는 자동차를 제작했습니다. 시속 30km라고 하죠. 최초의 자율주행 자동차라고 인정되는 순간입니다.

사물인터넷을 이야기하면서 자율주행 자동차를 설명하는 이유는 사물인터넷의 한 축이 자율주행 자동차이기 때문입니다. 자율주행 자동차는 운전사와 서로 소통하도록 설계되어 있다는 점이 인간과 사물이 소통한다는 점에서 사물인터넷의 핵심과 같다고 보기 때문입니다.

물론, 이게 전부가 아니죠.

자율주행 자동차는 주행하는 도로 곳곳에 지형지물을 인식해야 하고, 도로 위 다른 자동차들을 인식해서 거리 조절을 하고 속도를 조절하고 운전사를 안전하게 보호해야 하는 기능까지 갖고 움직여야 합니다. 자율주행 자동차는 주행하면서 자동차 내외 상황을 인식하고 자동차 내부 사정도 파악해서 목적지까지 운전사와 승객을 안전하게 보호하는 게 임무인 것이죠.

그래서 자율주행 자동차는 사물인터넷을 설명하는데 매우 효과적입니다. 말하자면, 자동차로 촉발되었다고 해도 과언이 아닌 사물인터넷은 택시, 비행기, 택배드론 등으로 확장되었습니다.

그 후에는 사물인터넷은 이제 가전제품으로 넘어가는 추세인 것이죠. 가정에 냉장고, 라디오, 세탁기, 옷장, 책상, 의자, 서랍, 텔레비전, 건조기, 탈수기, 식기세척기, 정수기, 침대, 창문, 전등, 신발, 양말, 옷, 진열장, 테이블, 식탁, 양탄자 등, 집안의 모든 사물(물건)들과 소통하는 시대가 다가온 것입니다. 다만, 가전제품이거나 가전제품화되어야 한다는 전제 조건이 필요하긴 합니다.

이와 같은 사물인터넷이란 원격조정과 인공지능(입력되는 명령을 수행하는)에 의해 이뤄지는 것인데, 사람이 집안의 모든 가전제품과 소통하는 것입니다. 스마트폰으로 명령을 내리거나 하는 것도 가능하고, 음성인식 기능이 되므로 가전제품에게 직접 명령을 내릴 수도 있습니다.

"냉장고야! 문 열어!"

뭐, 이런 식이죠.

집에 스피커폰으로 전화를 해서 전등에게 "전등아! 10분 후에 불 켜라, 나 들어간다"라고 할 수도 있고, 집에서 외출준비를 하면서 자동차에게 지시해서 "10분 후에 가니까 시동 걸고 히터 틀어놔!"라고도 할 수 있죠.

사물인터넷이란 이처럼 사용자가 가전제품(사물)과 소통하는 것을 의미하는데, 한 걸음 더 나아가서 사물과 사물이 소통할 수 있는 기능도 가능합니다.

가령, 텔레비전이 냉장고에게 “주인이 맥주 꺼내러 가니까 냉장고 문 열어”라는 명령을 전달하는 거죠. 물론, 실제 대화를 하는 것보다는 무선 통신으로 명령어를 주고받는 것입니다. 이처럼 집 안에서 사람이 움직이는 방향이랑 사람의 위치에 따라 가전제품이 켜지고 꺼지고, 동작하고 멈추고를 할 수 있습니다. 사람이 거실에서 안방으로 이동하면 거실 전등이 소등되고 안방에 전등이 켜지는 식이죠. 이러한 기능을 사물인터넷이 가능하게 해줍니다.

집안에선 그렇다치고 자영업자분들에겐 어떨까요?

맥줏집 사장이 맥주 보관을 위해 바깥 기온에 따라 냉장고 온도를 조절해오던 맥주 가게가 있다면 이제는 인공지능이 알아서 냉장고 온도를, 아니, 냉장고가 스스로 맥주 보관 온도를 조절해준다는 세상이 됩니다. 이게 사물인터넷입니다.

그런데 2022년 사물인터넷은 자영업에서의 혁신이 더욱 활발하게 변화될 것인데, 서빙로봇, 자율냉장고, 자율 조명, 자동 무인점포 등으로 확산될 것입니다. 이 같은 변화의 모습은 이미 시작되고 있습니다.

서울시에서는 서울시 전역에 사물인터넷(IoT) 센서를 설치해서 다양한 도시 데이터를 수집하고 분석하는데, 2019년에 850대 설치, 2020년에 250대를 추가 설치에 이어 서울 전역에 있는 CCTV 지지대 및 건물벽 등, 시민이 주로 생활하는 장소의 데이터 수집에 나서게 되는 것이죠. 2022년엔 250대가 설치되어 총 1,100대가 설치되는 것이죠. 이러한 사업추진은 2023년에 완료될 예정이라고 하죠.

서울 시내 곳곳에 설치된다는 것은 시민의 행동과 교통량, 범죄 예방 등 다양한 데이터를 수집하고 활용하게 될 것인데, 이러한 사물인터넷의 설치는 이 자체로만 국한되는 게 아니라는 점에 의미가 있습니다.

가령, 서울 시내에 1,100대의 사물인터넷 기기가 설치되면 그 즉시 그 사물인터넷 기기와 소통할 수 있는 기기가 필요합니다. 송신부, 수신부 등 센서까지 갖춘 기기들이 부수적으로 설치되어야 하는 것이죠.

가령, 설치되는 사물인터넷 기기들에 대한 중앙통제실이 운영되는 경우에도 와이파이망, 통신망, 중계망, 중계 기기, 통신 기기 등이 수반되고, 각 이동통신 기지국들과 연계해서 시민들의 스마트폰에 연계될 수 있습니다. 이를 통해 시민들의 이동경로, 모이는 장소, 행사 정보 등에 대해 데이터가 생기고 저장되는 것이죠.

그래서 서울시가 2022년 사물인터넷의 설치를 대부분 완료하는 시점에서는 서울시민이 만드는 서울시에 대한 데이터 수집이 시작된다는 점에 주목하게 됩니다.

초기에는 이동, 교통량 등에 따른 정보를 활용하여 도로망 확충이라든가 편의시설 개선 등에 이용될 수 있습니다. 나아가서는 서울시내 곳곳에 시설물에도 IP주소가 부여되고 사물인터넷망에 의해 상호작용하게 되는 상황이 생길 것입니다.

가령, 교통량 통제 같은 기능도 가능할 것이고, 만약에 드론택배가 운행된다면 서울시 주요 장소에 설치된 사물인터넷으로 드론을 통제, 서울시 하늘을 새로운 교통망으로 활용 가능하게 됩니다. 서울 하늘에서 드론택배가 날아다니는 모습을 볼 수 있게 되는 것이죠.

사물인터넷이 드론의 이동방향과 목적지, 이륙지, 항행로를 파악하게 된다면 드론택배가 가능하게 됩니다. 서로 부딪힐 일 없는 서울 하늘길이 열리는 것이니까요. 지금까지는 드론이나 소형 항공기를 띄우려고 해도 고층건물이란 사고 위험도 있고 하늘길을 통제할 수단이 마땅치 않았던 것인데, 이러한 단점을 사물인터넷이 한방에 해결해 줄 수도 있는 것입니다.

그래서 1,100개의 사물인터넷은 와이파이 같은 통신망을 갖춘 기기가 될 것이고, 카메라와 GPS 기능을 갖춰서 교통량 이동 상황, 서울시민 이동량 등을 파악한 데이터를 수집하게 되는 것이고, 나아가서는 하늘길 데이터를 수집해서 이동 가능한 공중택배용 항로를 만들 수 있다는 이야기입니다. 시간이 흘러, 서울시에서 사물인터넷망을 활용한 성공사례가 쌓이면서 지방자치단체에게도 확산될 것은 분명하게 보입니다.

그렇다면 전국적인 사물인터넷 시대가 열리게 되죠.

대한민국 곳곳에 모든 교통정보가 한눈에 들어오고 전국적인 드론택배 시장이 열리게 됩니다. 사실, 도로 사정이나 고층건물들이 복잡하기로는 서울이 가장 복잡하지 않습니까? 서울에서 사물인터넷의 데이터가 확보되어 분석될 수 있다면 각 지방으로 사물인터넷을 확대하는 것은 너무나도 손쉬운 일이 되는 것이죠.

Trend:

가상 인간(Virture Human)

└→ 본캐(Main Character), 부캐(Sub-Character) 보다 더 좋은 가캐(Virture Character)

미국 로스앤젤레스에서 브라질계 미국인으로 살아가는 '릴 미켈라'는 300만 명이 넘는 인스타그램 팔로워와 틱톡, 유튜브까지 합치면 500만 명의 팬층을 거느리고 있는 스타입니다. 릴 미켈라의 2019년 수익은 약 896만 파운드(약 140억 원)이고 인스타그램에 한 개의 포스팅을 올려주는 대가는 약 8,500달러(약 972만 원)입니다. 릴 미켈카는 다양한 활동을 이어가면서 미국 헐리우드의 3대 에이전시 CAA(Creative Artists Agency)와 계약했습니다.

일본에서는 2020년 8월, 하라주쿠에 있는 이케아 매장에서 3일 동안 먹고 자며 요가하고 청소하는 일상을 영상으로 만들어 유튜브에 공개한 유튜버 '이마'는 팔로워 34만여 명을 확보한 상태입니다.

한국에서는 2021년 1월, 세계 최대 IT·가전 전시회 CES 2021에서 유창한 영어로 LG 제품을 소개한 한국의 '김래아'는 올해 나이 23살에 싱어송라이터 겸 DJ로 활동해오며 인스타그램 팔로워만 1만2,000명을 보유하고 있습니다.

사이더스스튜디오엑스 소속인 '로지'는 신한라이프 광고뿐 아니라 자동차·식품 업체 등과 광고 계약을 체결하고 했는데 숲속과 도심, 지하철 등을 오가며 음악에 맞춰 춤을 추는 이 광고 영상은 공개 1주일여 만에 유튜브 조회 수가 83만 회를 넘기는 등 인기를 끌었습니다.

디오비스튜디오의 소속이며 유튜브에서 '루이커버리'라는 채널을 운영하는 또 다른 한국인 '루이'는 구독자 수 2만2,000명이며 노래와 브이로그, 먹방 등의 콘텐츠를 올립니다. 한국관광공사의 캠페인 모델에 이어 기업들의 모델로 활동하고 있습니다.

위에서 소개한 사람(?)들에 대해 들어보신 기억이 있으십니까? 팔로워 수나 활동영역만 보면 신생 스타라고 부르기에 충분하다고 보입니다. 앞으로 미국과 일본, 한국에서 엔터테인먼트계를 주름 쥘 '스타'로 보입니다.

그런데 말입니다.

사실은 위에서 소개한 인물들은 모두 '가상 인간'입니다. 즉, 컴퓨터가 만들어낸 인물이라는 의미입니다. 실제 인간이 아니라, 컴퓨터의 기술로 만들어낸 인간, 실제 존재하지 않는 인간이란 뜻입니다. 일명, 가상 캐릭터 '가캐(Virture Character)'입니다.

이러한 가캐는 3D 모델링 기술을 활용해 제작하는데, 사람의 얼굴에서 뼈와 피부가 함께 움직이는 것처럼 우선 평면으로 그린 가캐를 3D로 모델링하고 이 위에 피부, 뼈, 신경망을 심게 됩니다. 그리고 대역 모델을 사용해서 춤을 추거나 움직이는 모습을 촬영하면서 대역 모델이 짓는 표정까지 인식하고 학습한 가캐가 똑같은 표정을 짓고 행동을 하게 됩니다.

의상은 대역 모델이 착용해서 입은 것에 가캐의 얼굴 부분만 덧씌워 만드는 경우도 있고 가캐 전체를 3D로 만드는 방법도 있는데, 가캐 전체를 3D로 만드는 방법은 비용이 높습니다.

위와 같은 '가상 인간'의 시작은 사실 꽤 오래전의 일입니다.

국내에서는 1998년 1월 23일에 1집 타이틀곡 "세상엔 없는 사랑"으로 데뷔한 국내 1호 사이버 가수 '아담'이 있습니다. 그리고 세계 최초의 가상 인간은 일본에서 1996년 세계 최초의 CG를 통한 가상 아이돌 '다테교코'가 있는데, 3D CG로 만들어진 캐릭터로서 일본의 대형 기획사 호리프로社의 소속 탤런트로 등장했습니다. 캐스팅 배경으로 도쿄 훗사역 앞의 햄버거 가게에서 아르바이트를 하다가 스카우트되었다는 스토리가 있죠.

이러한 '가상 인간'은 걸그룹도 됩니다.

그 첫걸음일까요? 완전한 가상 인간만으로 이뤄진 연예인은 아니죠. 실제 인간과 가상 인간의 조합으로 이뤄진 걸그룹이 데뷔했습니다.

2020. 11. 17. 오후 6시.

SM엔터테인먼트에서는 현실의 아이돌 멤버와 가상세계 아바타가 공존한다는 독특한 콘셉트의 걸그룹 '에스파'(aespa)를 선보였습니다. 카리나(20·한국), 지젤(20·일본), 윈터(19·한국), 닝닝(18·중국)으로 구성된 4인조 걸그룹인데, 데뷔 싱글 '블랙 맘바'(Black Mamba)를 공개하며 본격적인 활동을 했습니다. 공식 데뷔일은 2020. 11. 24.입니다.

이 걸그룹의 독특한 점이라면 카리나·지젤·윈터·닝닝의 '또 다른 자아'가 가상세계에서 아바타로 발현해 함께 활동한다는 세계관인데요, '아이(ae)-카리나', '아이-지젤', '아이-윈터', '아이-닝닝'으로 불리며 멤버들과 아바타가 만나고 교류한다는 콘셉트입니다.

실제 인간인 각 멤버들과 아바타가 인공지능 시스템 '나비스'(Navis)의 도움을 받아 '싱크'(Synk)라는 연결 신호를 통해 소통한다는 설정으로 가상 인간과 현실 인간의 접점(?)을 만든 것도 눈여겨볼 부분입니다.

이러한 가상 인간과 현실 인간의 조합으로 탄생한 걸그룹 '에스파'는 한국기업평판연구소가 2021년 6월 11일부터 2021년 7월 11일까지 측정한 브랜드 빅데이터 46,788,052개를 분석하여 측정한 브랜드평판지수에 의하면 2021년 7월 걸그룹 브랜드평판 1위를 차지했습니다. 에스파의 브랜드평판지수는 3,553,551로 분석되었는데, 한 달 전 브랜드평판지수 470,102와 비교해보더라도 655.91% 상승한 결과를 기록하는 등, 폭발적이라고 부를만한 성과(?)를 기록하며 현실 세계에 무사히 안착하고 정상을 차지했다고 할 수 있겠습니다.

그런데 당시엔 인기를 얻지 못하고 주목받지 못하던 가상 인간이 2021년에 인기를 끌면서 2022년에 트렌드로 등장합니다.

그 이유는 무엇일까요?
우선적으로는 인터넷 게임 시장의 확산과 아바타(즉, 나를 대신할 가상의 존재)의 등장이 어색하지 않게 된 사회적 인식에 있습니다.

다시 말해서, 게임 속 아바타가 나를 대신할 존재로 인정받는 시대(널리 유행하는 시대)가 되면서 가상 인간에 대한 어색함이나 낯섦이 예전보다 크지 않다는 것, 오히려 동일시되기도 하고 친화적 반려캐릭터化 되었다고 보입니다.

'가상 인간'이란 자체를 '게임 속 아바타'라고 이해하는 것으로도 볼 수 있습니다. 즉, 게임 속에서 아바타가 나를 대신하여 쇼핑도 하고 외계인과 싸우기도 하며 성장하고 작동하는 것이므로, 가상(Virture)과 실상(Reality)을 구분할 때, 현실의 내가 있다면 가상의 아바타, 즉, 가상 인간이 존재하는 것도 받아들이게 되었다는 의미입니다.

요새 이야기에 "이번 生은 틀렸어"라거나 "저세상 텐션"이라는 게 있습니다. 이번 생애 태어난 '외모' 혹은 '살아온 시간' 때문에 자신의 처지나 형편이 미래에 더 개선되리라는 건 불가능할 것이라는 자조 섞인 농담이기도 하고, 이 세상에선 볼 수 없는, 다른 세상에나 존재할만한 것이라고 부르는 '의도적 차별화'가 드러나는 의미이기도 합니다.

"부러우면 지는 거다"라는 말에서 한층 더 업그레이드된 표현이라고 하겠습니다. 부러워하지도 않고 어떠한 사람이나 대상에 대해 아예 '단절'하거나 '포기'하는 의미이니까요. 더 이상 자신의 노력으로는 개선될 수 없고 달성할 수 없는 목표에 대해서는 일찌감치 포기하는 심정을 나타내는 것이기도 합니다.

그래서 '가상 인간'의 등장과 인기는 '실존 인간'이 현실에 대해 좌절하면서 대책으로 탄생시켰거나 실현 불가능적 욕구 해소용으로 만들게 된 '대체물'이라고도 부를 수 있습니다. 가상으로나마 자신의 처지를 넘어서는 대상, 자신의 모습을 개선할 수 있는 대상이 되는 것이니까요.

'가상 인간'이란 현실의 '나'를 바꿔주는 '인생성형'이 가능한 것이기도 합니다. '가상 인간' 자체가 예전과 다르게 인기를 얻기 시작하고, 2022년엔 그 위치를 더욱 공고히 할 것이라고 보는 이유입니다.

이러한 '가상 인간' 트렌드는 현실 사회가 극도의 경쟁 추구 중심 시대이자 계층 간 사다리 상실의 시대가 되었음을 나타내는 증표이기도 합니다. 개인이 어떠한 노력을 하더라도 현실에서는 극복 불가능하다는 한계 상황을 자각하고 이에 대한 도피처이자 회피방안으로써 자기 위안을 삼으려는 시도에 의한 것이기 때문입니다.

타고난 육체를 성형해도 욕망을 이루기가 불가능하고, 아무리 공부하더라도 습득 안 되는 것이라서 획득이 불가능하고, 인맥도 없고 든든한 뒷

받침을 해줄 부모도 없는 상황이라면 사람이 마지막으로 기댈 수 있는 곳이 '가상 인간'이기 때문입니다.

자신과 다른 '또 다른 나'이자 내가 아니고서라도 다른 사람들에게 멋진 대상이 될 수 있는 존재가 될 수 있으니까요. 그래서 가상 인간 트렌드는 우리 사회의 어두운 면을 치유해야 한다는 일종의 '반증의 트렌드'이기도 합니다.

그래서 '가상 인간' 트렌드는 빈부의 격차가 큰 시대에 등장하되, 필연적으로 명품 브랜드의 호황을 불러옵니다.

일견, 가진 자들에게는 이 세상에 비교할 자가 없도록 자신의 이미지를 더욱 높여줄 수단이 필요한데 그게 명품이 되는 것이고, 상대적으로 가지지 못한 자(덜 가진 자)에게는 대안으로 게임산업이 활황 하게 됩니다. 아바타에 집중하고 게임이나 웹 소설, 웹툰처럼 가상의 존재를 인지할 수 있는 콘텐츠가 인기를 얻는 현상이 생깁니다.

가령, 가진 자들이 호텔에서 호캉스를 즐긴다면 덜 가진 자들은 모텔에서 모캉스를 즐기고, 가진 자들이 명품을 산다면 덜 가진 자들은 짝퉁을 삽니다. 가진 자들이 식당에서 오마카세 식사를 즐긴다면 덜 가진 자들은 혼술, 혼밥으로 고급 식재료를 사 와서 직접 요리합니다.

이러한 현상은 '시기와 질투'가 아니라 '동시대를 살아가려는 일종의 자아 박탈감에 대한 자가치유행위'에 의거한 것입니다. 뒤처지지 않겠다는 심리가 작동하고 '그들'이 누리는 것을 '나'도 누리겠다는 심리가 발동하는 것이지요.

이처럼 '가상 인간'의 등장과 인기 트렌드로서의 등극이 의미하는 것은 양 극단화 된 사회구조, 초격차가 되어버린 사회생활에 의한 것인데, 이런 상황을 타개해보고자 일각에서는 자기 여건을 넘어서는 과욕을 부리거나 돈을 더 가져야 한다는 욕구에 따라 도박성 투자산업이 활황 하게 됩니다.

'영끌'이라고 하죠.

집을 사고 땅을 사고, 주식에 투자하고 코인에 투자하게 됩니다. 이러한 행위로도 종국엔 어떻게 하더라도 자기 자신이 어찌할 수 없는 세상이라는 한계 자각 상황이 되면 그다음에 등장하는 게 '가상 인간'입니다.

그래서 '가상 인간' 트렌드에서는 '가상의 상품'이 등장하고 '가상의 액세서리', '가상의 집', '가상의 땅', '가상의 지구'처럼 손에 잡히지 않는 가상의 상품을 판매하는 비즈니스가 태동하게 됩니다. 현실에서 불가능하다는 것을 알고 있는 그 무엇들을 가상으로나마 소유하겠다는 욕구충족에서 비롯된, 가상 비즈니스가 인기를 얻게 됩니다. 어차피 가상의 인간이므로 가상 인간이 살아가는 가상의 세계에 필요한 모든 게 상품이 되는 것입니다.

Trend:

글로벌 팬데믹(Pandemic)

↳ 지구촌 전염병 공포를 불러일으키다

2019년 그리고 코로나19.

2020년과 2021년이 지나 2022년이 되면 어떠한 변화를 불러올까요?

어느덧 3년차에 접어든 코로나19 사태는 세계에 홈컴퍼니(재택근무) 활성화를 불러왔고 사람들은 재택근무에 익숙해졌습니다. 학생들은 집에서 수업을 듣게 되었고 자영업자들의 가게는 홀 손님보다 테이크아웃 손님들의 수가 늘어났으며 배달플랫폼이 호황을 맞이했고 인터넷기업과 게임회사들의 매출도 큰 폭으로 상승했습니다.

사회적 만남이 드물어지고 집에서 머무는 시간이 늘어났습니다. 사람들은 '코로나 블루'를 호소하며 오랜 시간 집에 머물며 생기는 우울함 증세에 힘들어했습니다. 집에 머무는 시간이 많아지다 보니 가족 간 정을 쌓기도 하는 반면 가족 간 트러블도 생겼습니다. 집에만 머물면서 생기는 감정 상태의 변화가 긴장에서 스트레스로 바뀌면서 가족 간 언쟁이 오가고 다툼이 생기기도 하였습니다.

코로나19 사태로 인한 글로벌 팬데믹은 가족 간의 문제, 직장 문제, 학교 문제, 자영업 문제 등을 도출시켰습니다. 바야흐로 코로나19 사태가 불러올 또 다른 팬데믹이 아닌지 점검해야 할 시기인지도 모릅니다.

팬데믹이란 무엇인가요?

전염병이 범유행(汎流行) 또는 세계적 대유행(世界的大流行}이 되는 상황을 가리킵니다. 과거에도 팬데믹은 있었고 사람들은 대응했습니다. 그런데 이전과 다르게 이번엔 컴퓨터 인터넷으로 사람들이 몰렸습니다. 오프라인 비즈니스는 배달업이 활황 하지만 곧 사그라들 수 있고 사람들은 재택근무에 이어 재택비즈니스로 옮겨갑니다.

직장과 사회, 자영업의 변화가 도드라져 나타났습니다. 또한, 글로벌 팬데믹이 불러올 사회 변화는 무역업의 활황, 재택비즈니스의 증가, 오프라인 자영업 점포의 쇠퇴, 주택 공유, 차량 공유, 버스와 지하철 등의 교통수단과 공유 비즈니스는 쇠퇴하고 1인 자동차의 인기가 예상됩니다.

그런 점에서 글로벌 팬데믹은 위기가 아닌 또 하나의 새로운 기회라고 볼 수 있습니다.

우선적으로는 비즈니스 기업 경영에서 사람들의 직장생활에 근본적으로 변화가 생긴 점입니다. 회사에 출근하고 집으로 퇴근하는 생활, 회사에서 집중근무시간, 휴식시간, 당직근무, 일직근무, 출장, 휴가, 파견근무, 회의, 직장 회식 등, 기업 경영상 모든 활동들이 일순간에 사라졌다고 해도 과언이 아닙니다.

재택근무가 모든 것을 흡수해버린 결과입니다.

회사출근 대신 원격근무로 전환된 결과입니다. 디지털 라이프가 정착되어가는 과정이라고도 부를 수 있습니다.

장래에 언젠가는 반드시 겪었을 재택근무가 코로나19 사태로 조금 더 일찍 현실이 되었다고 볼 것입니다. 주요 도심지에 사무실 공실률이 늘어나는 시대에 이제는 회사생활을 한다며 출근하는 사람들 모습을 보기 어려운 시대로 접어들 것입니다.

집 안방에서 일어나서 건넌방으로 출근하는 시대가 되었습니다.

거실에서 식사하고 안방으로 퇴근하는 시대, 모든 업무 연락과 보고서 제출, 회의 참석, 영업활동, 마케팅 활동이 화상 서비스와 스마트폰 한 대면 충분히 가능하기 때문입니다. 코로나19 사태로 인해 발생한 글로벌 팬데믹은 사람들을 집으로, 가족들 곁으로 모으는 현상을 만들었습니다.

그런데 모든 이들에게 유익한 것은 아닙니다.

근로자 중에는 반드시 출근해야 하는 직종이 있어서입니다. 교통버스 운전사, 택시운전사, 환경미화원, 경찰 공무원, 공무원들, 군인들, 구급대원들, 건물관리자, 택배사업자들, 배송직원들, 물류회사 직원들처럼 현장에서 근무해야 하는 사람들이 있습니다.

이들은 글로벌 팬데믹 상황에서도 재택근무가 아닌, 현장근무가 필수적인 경우입니다. 그래서 코로나19 사태는 글로벌 팬데믹이라는 지구촌 공포 상황을 초래했지만 일부에게는 재택근무를, 일부에게는 사람들의 발길이 줄어든 다소 한적해진 현장근무를 주었습니다.

재택근무자들에게도 상황이 마냥 이점인 것만은 아닙니다.

화상 서비스와 스마트폰 업무환경은 편리하긴 하지만 보안 문제를 고민하게 만들었습니다. 컴퓨터에 의심스러운 파일이 몰래 숨어들 수 있습니다. 인터넷망에 침투해 회사 기밀 정보를 빼갈 수 있습니다. 회사 근무할 때는 보안이 철저해서 걱정하지 않았던 일인데 집에서 근무하다 보니 생길 수 있는 우려가 되었습니다.

일부 보험회사에서는 발 빠르게 움직여서 사이버 보안위험에 대비하는 보험상품을 출시하여 판매에 나섰습니다. 재택근무에 돌입한 기업들과 혹시 모를 위험에 대비하려는 기업들이 보험에 가입했습니다.

코로나19로 인한 글로벌 팬데믹은 사이버보안 위험에 대한 팬데믹으로 번지는 양상이 생길 수 있습니다. 코로나19 이전에는 큰 걱정이 없었을지라도 이제는 상황이 달라졌습니다. 디지털 업무환경으로 전환한 기업들이 늘면 늘수록 많은 기업들의 사이버보안 문제가 더 커집니다. 바이어와 납품사 및 제조사의 업무망이 인터넷으로 연결될 경우 바이러스 침투 한 번으로 기업 경영활동 전 과정에 기밀이 한방에 빠져나갈 수 있게 되었습니다. 이전에는 제조사 따로, 납품사 따로, 바이어 회사 따로 해커의 공격을 걱정해야 했다면 이제는 업무가 연결된 모든 기업들의 기밀이 한 번의 공격만으로도 탈취될 위험이 생긴 것이죠.

말하자면, '팬데믹'이란 전염병의 대유행 단계를 지칭하는데, 세계보건기구(WHO)에서 범 유행병이 되기까지의 6단계 중 마지막 단계에 도달됨을 일컫는 단어입니다.

가령, 6단계에는 1단계로 동물 감염 단계, 2단계로 동물 간 감염을 넘어 소수의 인간에게 감염 단계, 3단계는 사람들 사이에 감염 증가 단계, 4단계는 사람 사이에 감염이 확산되면서 세계적 유행병 초기 단계, 5단계는 전염병이 널리 확산되어 최소 2개국에서 유행하는 감염 단계, 그리고 마지막 6단계가 다른 대륙의 국가들에게까지 추가 감염이 발생한 감염 단계가 있습니다.

코로나19 사태는 마지막 6단계 팬데믹에 이른 것이고, 2020년 3월 10일, 세계보건기구(WHO)에서 팬데믹을 선언하게 된 것입니다. 한 가지 혼동할 부분이 있다면 팬데믹이란 치사율을 고려하는 게 아니고, 사람들이 면역체계가 없는 상태에서 얼마나 널리 감염되었는가가 판단 기준이라고 할 것입니다.

가령, 어느 대륙에서만 전염병이 발생하고 다른 대륙으로는 전염되지 않았다면 팬데믹 상황은 아닌 것이죠. 그리고 핵심적인 판단 요건으로, 역학조사 등을 통해서 파악해봐도 뚜렷한 연결고리가 없는데도 불구하고 감염자가 발생했을 경우를 팬데믹 상황이라고 보게 됩니다.

그런데 사람들이 착각하기 쉬운 게 WHO에서 팬데믹을 선언하면 뭔가 국제적인 조치(?)가 있을 것이라고 생각하게 되는 부분인데, 실상은 그렇지 않습니다. 펜데믹 선언은 단지 상징적인 의미일 뿐이고 WHO나 국제사회에서 뭔가 새롭게 해야 할 조치나 의무 같은 건 없습니다. '지금 상황은 팬데믹이다!'라고 선언하게 되면 각국에서는 더 집중적이고 공격적으로 대처해야 한다는 의식을 일깨우는 정도인 것입니다.

한편, 우리에겐 이번 코로나 팬데믹이 처음이 아닙니다.

우리에게 팬데믹은 과거에 2009년 무렵 독감 상황이 있었습니다. '신종플루'라고 불렀죠. 돼지독감(H1N1)으로 '신종인플루엔자'가 그것이었습니다. 그 당시에 신종플루는 6주 만에 세계로 전염되었는데, 이제는 풍토병(endemic)으로 취급받고 있긴 합니다. 발발 당시엔 사람들이 긴장하고 공포감 갖고 하였지만 어느덧 우리에게 익숙한 신종독감이 되었다고 할 것이죠.

그런데 코로나19 바이러스가 불러온 이번 팬데믹 상황에서는 우려스러운 부분이 있습니다. '델타 바이러스' 등처럼 코로나19 바이러스의 변종 바이러스가 출현한다는 점입니다. 백신 접종을 받은 사람들에게조차 돌파 감염을 불러일으킨 것이죠. 그 결과, 백신 접종 후에도 마스크 착용을 해야 하는 상황인데, 앞으로도 당분간은 코로나19 사태로 인한 펜데믹 상황이 지속될 것으로 우려되는 것입니다.

그렇다면 2022년은 팬데믹 선언(2020.3.10.)으로부터 만 2년차에 접어든 시기가 되죠. 재택근무와 비대면 수업은 낯섦을 지나 일상이 된 시대이고, 사람들은 불편함보다는 익숙함으로 넘어온 분위기도 감지됩니다.

팬데믹 상황이란 걸 알면서도 크게 염려하지 않는 시대가 된 것이고 일상에 적응하는 사람들이 늘어나는 시대가 된 것입니다.

그래서 이러한 팬데믹 상황에서는 새로운 비즈니스 기회가 열리는데, 바로 홈펌(HomeFirm)[5]이 있습니다. 홈펌이란 재택근무 개념을 지나 집(주거지) 자체가 회사가 되는 개념입니다. 회사 사무실은 집이 될 수 없지만 집의 방들은 사무실이 될 수 있습니다.

다른 말로는 룸펌(RoomFirm)이라고 부를 수 있습니다.

집에서 방 하나를 회사 사무실로 인식하는 단계, 안방이 집이 되고 건넌방이 회사 내 자리가 되는 개념입니다. '룸펌' 또는 '홈펌' 시대에는 재택근무용 '직장인 패션스타일'이 새로운 트렌드가 되고, 직장인 메이크업 스타일로 새로운 유행이 생깁니다. 마이크와 스피커, 블루투스 이어폰이 필수이고, 화상 업무용 카메라가 필수입니다. 가정용 의자는 치우고 업무용 의자를 세팅해야 하죠. 카메라에 비치는 자기 모습을 모니터링하게 되고 거래처 미팅도 화상에서 이뤄지므로 개별적으로는 자신에게 사용할 화상 미팅용 조명 장비가 추가될 것입니다. 카메라에 비치는 벽지도 변화가 필요하고요. 점차적으로 퇴사 이후에는 룸펌이나 홈펌을 창업해서 집에서 사업하는 사람들이 탄생하게 됩니다.

---

5) 홈펌(HomeFirm): 집(주거지)를 사업장으로 창업한 회사, 다른 말로 '룸펌(RoomFirm)'이라 부른다. 방(사무실), 화장실, 거실(회의실), 주방(식당)을 갖춘 장소를 특징으로 하되, 아파트, 다가구, 다세대 등, 1인 가구 원룸에서도 가능한 기업 형태로서 형태와 구조에 구분두지 않는다. 주거와 기업경영을 동일한 장소와 공간에서 영위하게 되며 사업자용 공과금 세율을 적용받는다(필자 주).

게임 관련 아이템, 앱 관련 아이템, 웹툰이나 웹 소설 콘텐츠 관련 아이템, 동영상 플랫폼 관련 아이템, 집의 주방을 식당 주방으로 탈바꿈하여 집에서 만드는 '집밥음식' 테이크아웃이 인기를 얻을 것입니다. 식당에서 주문하는 배달음식이 아니라 블로그나 개인 SNS에서 주문하고 배달하는 개인 집밥 주문이 늘어나게 되는 것입니다.

추가적으로는 이러한 집에서 창업하는 사람들이 늘어나면서 '가상주소' 서비스가 인기를 얻게 됩니다. 주민등록지로서의 자기집 주소로 사업장을 할 경우, 빌라나 단독주택 또는 아파트에 상관없이 낯선 사람의 집 방문이 우려될 수 있거든요.

이 경우를 대비하여 '임의주소를 가상주소로 부여하여 집 주소 대신 사용하는 가상주소'서비스가 등장하게 됩니다. 택배를 수취하므로 단순 우편물을 수령하는 '우체국사서함' 서비스와 다른 비즈니스입니다. 등기우편물이 있으므로 주거지 인근의 택배함 서비스도 아닙니다.

가령, '서울 마포구 공덕동 (세부 주소)'인 방식 대신에 '서울 해바라기 나비골목' 식으로 임의의 주소를 만들어 사용하는 방식인 것이죠.

바야흐로 집에서 창업하는 홈펌족, 룸펌족들이 등장하는 비즈니스 대전환의 시대 2022년을 기대합니다.

Trend:

사회적 거리두기(Social distancing)

↳ 사람과 사람 관계에 또 다른 이정표를 만들다

2020년 2월 말경의 기억입니다.

코로나 팬데믹 선언이 이뤄지기 보름(15일) 전쯤의 일입니다.

서울 송파구 인근 먹자골목에서 20년여 넘게 '찌개집'을 운영하는 모 사장의 상담 문의를 받았습니다. 2019년 연말에 코로나19 사태로 인해 장사가 급격히 상황이 안 좋아졌는데 평소 매출 대비 절반도 벌지 못하는 상황이라고 했습니다.

식사때마다 테이블이 모두 차는 건 물론이고 주로 저녁 2차 손님들이 와서 찌개 안주에 간단하게 반주를 곁들이는 손님들이 주요 단골이었는데 코로나 사태발발 이후에는 평소 오던 손님들보다 70% 정도밖에 안 오고 그마저도 술자리를 일찍 끝내는 분위기라고 했습니다. 가게에는 오랫동안 같이 일해온 서빙 직원 두 명도 있는데 모두 내보내고 이젠 사장이 직접 주방을 보고 서빙까지 해야 할 지경이라고 고충을 토로했습니다. 이럴 바에야 차라리 중국 시장에 진출해서 한류 붐이 인기라고 하니 중국 어느 도시에 찌개집을 열면 어떨까 하는 고민을 하는 상태라고 하더군요.

이에 대해 필자는 모 사장의 이야기를 듣고 제안하기를 식당에서 판매하는 메뉴를 포장으로, 택배로 바꾸라고 권유했습니다. 음식을 예쁘게 만들어서 사진을 찍고 가게 앞에 배너를 비치해서 메뉴를 포장해준다고, 택배 가능하다고 선전도 하라고 말해줬습니다.

인터넷에 올려서 주문을 받으라고 했습니다. 전국으로 택배도 되고 세계로 택배도 가능한 세상이므로 가게 손님보다는 테이크아웃이랑 택배 주문을 받아서 장사하면 될 거라고 답해줬습니다. 그리고 중국 진출에 대해서는 한국에서 인기가 있다고 소문이 나야 중국 가서도 잘 되는 것이니까 우선은 국내에서 포장과 택배 주문에 힘을 기울이라고 얘기했습니다.

그로부터 얼마 지나지 않아 코로나 사태로 인한 팬데믹 상황이 선언되고 나서부터는 전국적으로 음식 주문이 폭증하고 배달업이 호황을 누리게 되었습니다만, 모 사장이 필자의 제안대로 따랐는지는 미지수입니다.

그다음엔 2021년 어느 봄날의 기억입니다.

앞서 모 사장의 상담을 한 이후로 대략 1년여만의 시점이었습니다. 서울 강남역 인근에서 지인을 오랜만에 만나기로 한 필자는 점심 식사시간이 다소 지난 1시 30분경에 가까운 백반 뷔페식당에 들어갔습니다.

오랜만에 만난 지인과 식사를 하고 싶어서였는데, 마침 식사시간이 지났던 터라서 식당 안에는 필자 일행과 두어 명의 손님들만 있었고 식당 안의 풍경은 한산했습니다. 뷔페식 식당이라서 그런지 준비된 음식들이 많이 줄어든 것이 보이고 식사 후 물을 마시는 곳 주위엔 냅킨도 많고 식수용 컵이 수북이 쌓인 것을 봐서는 점심 식사를 하러 다녀간 손님들이 꽤 많았던 것을 알 수 있었습니다.

일행과 필자는 식대를 선불로 지급하고 각자 식판을 들고 음식을 덜어 담아 자리를 잡고 앉았는데, 이게 웬일? 각 테이블에는 의자 개수만큼 투명칸막이가 테이블 위를 나누고 있었습니다. 의자 한 개당 한 칸의 공간, 한 사람이 앉아서 식사만 할 수 있는 공간으로 테이블을 다닥다닥 나눠 구분해둔 것입니다.

코로나 사태로 인한 비말 방지용 조치라고 이해되었습니다만, 그 상황을 보며 필자는 이건 아니다 싶었습니다.

왜 그러냐고요?

코로나바이러스는 호흡기로 전파되는 전염병인데 한 사람이 앉을 공간마다 비말 차단기용 투명 가림막을 세워두면 오히려 비말이 사라지지 않고 그 공간 안에 머물 가능성이 높기 때문입니다.

아무리 생각해봐도, 일행끼리 와서 식사할 때는 서로 비말이 전파되는 것을 막아줄 수는 있겠습니다만, 문제는 그다음에 오는 손님들 아니겠습니까?

먼저 온 손님들이 식사를 마치고 나가면 그다음에 오는 손님들이 그 자리에 앉아서 식사를 할 텐데 좁은 칸막이 안에 갇힌 비말이 혹시라도 있었다면 그 자리에 앉은 사람에게 쉽게 전파될 가능성이 높아 보이기 때문입니다. 일행에겐 안전할 수 있지만 그 식당에 오는 다음 손님에겐 치명적이 될 수 있겠다 하는 생각이지요.

다음 손님이 와서 식사하다가 비말에 전파된 코로나에 걸렸는데 그 사람이 감염된지도 모르고 회사에 들어가서 일하거나 거리를 다니게 되면 그 사태는 걷잡을 수 없게 되기 때문이고요. 식당 안에 비말 차단기를 설치해둔 것은 불가피한 조치일 수 있겠습니다만 식사 손님이 들고 나갈 때마다 식당의 소독처리가 불가능하다는 점에서 그다지 효과를 기대할 수 있어 보이는 방법은 아니었습니다.

식당 차원에서 조치가 불가능한 거라면 차라리 식사 공간마다 소독기구를 두어 손님들이 자기 자리에서 식사할 때 소독할 수 있도록 해주는 방법은 어땠을까 하는 생각이 들었던 순간입니다. 그래서 주위를 둘러보니 그 식당에는 손님들이 들어오고 나가는 출입문 앞에 손 세정액 한 개만 놓여있더군요. 물론, 사회적 거리두기는 비말 차단을 위한 것이라고 할 것입니다.

그런데 비말 차단을 위한 투명 가림막이 오히려 위에서 이야기한 대로 역효과 위험성을 가졌다면 어떻게 할까요? 사회적 거리두기를 위한 세부 조치에 섬세한 실행방법이 필요했던 게 아니었나 싶은 것이죠.

비접촉, 비대면 비즈니스의 활황세를 견지하라!

사회적 거리두기란 무엇일까요?

사람들 사이에 일정 거리두기를 함으로써 코로나바이러스 확산을 막고자 하는 사회적 약속이라고 할 수 있습니다. 악수 대신 주먹으로 툭 맞부딪히기, 팔꿈치 맞대기 등을 했고, 사람들 간 거리는 2m 정도로 간격을 두어 서로 붙어 있지 않아야 했습니다.

실내에서나 실외에서도 마스크 착용은 필수이고, 코를 내놓고 마스크를 착용하거나 마스크를 턱에만 걸거나 하는 것은 모두 금지되었습니다. 코로나바이러스 확산을 막기 위한 조치로 교회에선 각 단계별 기준에 따라 대면 예배가 금지되었고, 모임 활동이나 사람들이 많이 모이는 집합시설에도 정해진 방역수칙과 관련 조치에 따라 운영에 제한되었습니다.

거리에 다니는 사람들의 수가 줄어들었고 식당과 카페 등 각종 가게들마다 손님들의 모습을 찾아보기가 어려워졌습니다. 결혼식이나 각종 모임 행사에서도 인원 제한이 수반됨에 따라 초대 인원의 수가 줄었고 일부 행사들은 취소되거나 연기되었습니다.

사회적 거리두기가 불러온 사회 현상은 실로 엄청났습니다.

코로나 확진자들이 늘어나는 만큼 병원엔 환자를 수용할 병실이 부족해지기도 하였고 자영업자들이 대부분인 가게들은 문 닫기 일보 직전까지 내몰렸고요. 실제로 문 닫은 가게들도 폭증했습니다. 여행지 숙박업소엔 손님들이 들지 않으면서 폐업 위기에 내몰리는 숙박업소의 수도 증가했습니다.

사람들이 움직이지 않자 내수시장이 감소되었습니다.

각국에서는 재난지원금으로 소비 진작을 일으키려고 하였습니다만 코로나 사태로 인한 근로 기회 부족으로 채무가 급증한 사람들에게 재난지원금은 채무를 갚는 용도로 사용되기도 하였습니다.

반면에 사회적 거리두기[6]로 인하여 매출이 증가한 분야도 생겼습니다.

집에 머무는 시간이 늘어나면서 집에서 게임을 즐기는 사람들이 많아졌고 게임회사 매출이 폭증했습니다. 집에서 운동하는 사람들이 증가하면서 홈트레이닝(홈트) 관련 제품의 매출이 급상승했습니다. 온라인쇼핑몰 매출도 급상승했습니다.

마스크 매출이 폭증하였고 배달음식 주문이 폭증했습니다. 오프라인 서점에 내방고객이 줄어드는 대신 온라인서점의 도서 주문 건수가 늘어났습니다. 종이책 구입보다는 전자책 판매도 늘어났습니다. 누가 만졌을지 모르는 종이책보다 안전한 도서 구입으로 방향을 찾은 독자들의 선택이었습니다.

코로나 사태가 불러온 사회적 거리두기에 의한 변화는 온라인과 오프라인이 구분되었고 그 차이는 확연하게 드러났습니다. 비접촉, 비대면 비

6) 코로나19에 대응하는 세분화된 사회적 거리두기 정책의 효과 분석 An Analysis of the Effects of a Segmented Social Distancing Policy in response to COVID-19, 한국시스템다이내믹스연구, 약어 : KSDR, 2021, vol.22, no.1, 통권 65호 pp. 35-57 (23 pages) DOI : 10.32588/ksds.22.1.2, 발행기관 : 한국시스템다이내믹스학회, 김동규 /Kim, Dong-kyu, 정윤 /Chung Yoon, 이견직 /Lee Kyun Jick, 한림대학교

즈니스가 활황세에 접어든 것입니다. 오프라인에서 온라인으로, 아날로그에서 디지털로 비즈니스의 전환이 빨라졌습니다. 사회적 거리두기가 불러온 기업 경영 트렌드의 변화인 것입니다.

2022년에는 비접촉 비즈니스, 비대면 비즈니스 트렌드가 확산됩니다.

식당에서는 종업원 대신 서빙로봇이 등장했고 더욱 확산됩니다. 이미 음식배달전문점에서는 서빙로봇을 가동해서 음식이 조리되는 즉시 배송원들에게 전달해주고 있습니다. 택배의 비대면 배송이 확산됩니다.

이러한 배달은 음식 주문이 많은데, 대단지 아파트 등에서는 배달 차량의 진입금지, 배달원 오토바이 금지, 배달 차량 전용 진출 통로 운영이 시행되고 있죠. 이러한 상황은 택배 물량 증가로 인해 배달원들의 배달 거부 사태가 빈번해질 수 있고, 결국 배송시간이 지연되는 곳에서는 배송료를 추가 부담해야 하거나 배달지연에 따른 불편을 감수해야 할 상황이 됩니다.

그러므로 대단지 아파트 등에서 한정된 구역 내에서만 배달업무를 하는 업체가 등장하게 될 것이고 인기를 얻을 것입니다. 배달 차량이 오면 화물을 받아서 아파트 단지 내에서만 배달을 대행하는 업체가 등장할 것입니다. 배달업체도 편리하고 아파트 단지에서도 편리한 비즈니스 형태입니다.

음식물 포장배송 분야도 확산됩니다.

소규모 식당 내에서 가동하는 소형 자동주방 시스템이 확산됩니다. 스마트공장시스템이 소형화된 것이죠. 주방 내에서 조리대랑 음식 출구 사이에 포장기계 및 컨베이어벨트를 설치하고 주방에서 배달원에게 직접 전달하는 방식의 설비를 제작해주는 업체가 성장할 것입니다.

또한, 재래시장 중심으로 식재료 준비대행 서비스가 등장해서 집에서 조리해 먹는 가정에게 배송해주는 서비스가 등장합니다. 기존의 대행이 장에서 주문한 식재료 구매대행이었다면 그다음엔 레시피대로 구매해서 그릇에 담아 배송해주는 조리준비대행 서비스가 등장해서 확산될 것입니다. 가정에서는 조리 준비된 상태로 받아 그릇에 옮겨 닮고 바로 조리만 하면 되므로 편리합니다.

재래시장에서는 재래시장대로 매출이 상승됩니다.

재래시장의 조리 준비대행 서비스는 마트에서 판매하는 조리 전 식품 판매랑 신선도 면에서 경쟁력이 있습니다. 더불어 마트에서는 조리단계의 식재료 매출이 증가합니다. 이미 각 기업에서는 조리만 해서 섭취할 수 있는 밀키트 매출이 급증하고 있는데, 밀키트를 넘어 재래시장에서 조리 준비대행 서비스가 등장하게 됩니다.

사람과 사람의 간격이 벌어지면 그 사이로 드론이 들어오고, 로봇이 들어옵니다. 택배 노동자의 파업과 과로 문제 등으로 로봇 택배 시장이 태동하게 됩니다. 문제는 도로가 아니라 공중입니다.

드론택배가 등장하게 됩니다.

2022년 서울시에 설치하는 사물인터넷이 설치되고 운영에 들어가면서부터 서울시민의 이동 데이터, 차량 이동 데이터가 측정되고 서울의 공중길이 열리게 됩니다. 드론택배가 등장하게 되면서 배송시장은 드론택배가 배송 불가능한 크기와 무거운 물건만 택배원이 배송하는 시장으로 양분될 것입니다.

모임 비즈니스가 사라지고, 개별 모임이 주가 되며, 단체 모임이 축소됩니다.

메타버스를 활용한 회사미팅, 거래처 미팅, 동호회 미팅 등이 이뤄집니다. 회식은 각자 집에서 하는데, 같은 음식을 택배로 주문하고 배달받아서 화상 서비스로 얼굴을 보며 같이 식사하는 기분을 냅니다. 규모가 큰 배달업체에서는 회사 단위로 계약해서 재택근무하는 직원들에게 회식 음식을 배달해주기도 하고 중식을 정기적으로 제공할 수 있습니다.

이러한 트렌드는 사라지지 않고 일상에 '정착화'를 불러옵니다.

그래서 사회적 거리두기가 완화되더라도 사람들은 다시 대면 접촉을 늘리지 않게 됩니다. 이전까지는 대면 접촉으로만 가능하다고 생각하던 일들이 비대면으로도 충분히 가능하다는 걸 알게 된 이상, 구태여 예전으로 돌아가려고 하진 않습니다. 재택근무가 편해진 이상, 직원들은 출근하고 싶어하지 않습니다. 다시 출근하라면 차라리 퇴사하겠다는 직원도 나올 것입니다.

비대면이 더 편리하다는 걸 경험한 이유입니다.

그래서 비대면 비즈니스, 비접촉 비즈니스는 더욱 확산되고 확대됩니다. 기업들은 비대면 서비스를 제공하는 기업들이 확산되고 비대면 서비스를 이용하는 기업과 개인의 수가 늘어납니다.

Trend:

페미니즘(Feminism)

ㄴ 존중인가? 우대인가? 기업 경영 트렌드의 변화

2021년 여름, 일본 도쿄에서 개최된 '2020 도쿄올림픽'에서 우리나라 국가대표 선수들의 금메달 소식이 전해져서 온 국민이 기뻐하는 것도 잠시, 모 선수가 개인 SNS에 남성 혐오를 의미하는 용어들을 사용했던 글이 있다는 이야기가 전해지면서 남성 혐오(남혐)와 여성 혐오(여혐) 문제로 비화되었고 연예인과 정치권까지 가세하면서 논쟁은 더욱 커졌습니다.

이에 앞서, 국내에 모 인터넷 커뮤니티에서는 모 편의점 홍보 포스터에 나타난 디자인에 대해 급진 페미니스트들이 사용하는 남성 혐오 표현과 동일하다고 주장하며 항의를 했는데, 그 결과 해당 편의점 본사에서는 포스터를 수정하고 사과문까지 발표했습니다. 그리고 이러한 페미니시트 관련 논쟁은 모 편의점 사건과 모 선수의 경우에 한정된 것은 아니었고, 그 이전부터 꾸준히 거론된 것이었습니다.

책에서, 영화에서, 드라마에서 이어오며 사회 각 분야로 퍼져나가며 병역 의무에 대해 남성과 여성이 갑론을박하는 상황도 표출되기도 했습니다.

이러한 상황에 편승한 일부 기업들은 인터넷쇼핑몰에 한쪽 편을 드는 모양새의 상품을 만들어 올리면서 마케팅에 나서고 모 플랫폼 크리에이터는 한쪽 편의 입장에서 상대측을 폄훼하는 내용의 동영상 콘텐츠를 만들어 업로드하면서 호응을 얻기도 하고 항의를 받기도 하였죠. (여전히 논란 중인 내용들이라서 실명이나 구체적인 정보를 기재하지 않는 점을 양해 부탁드립니다.)

다만, 표면적으로는 남성과 여성의 양성 갈등으로 비치는 이러한 상황들에 대해서 어느 것 하나 정확하게 드러난 것은 없다고 봐도 무방하다는 점입니다.

남성 회원들이 많은 인터넷 커뮤니티라고 해서 해당 커뮤니티에 여혐 내용의 글들이 올라왔다고 하더라도 그 글들을 실제 남성들이 100% 동조했다거나 남성들이 썼다는 근거는 100% 명확히 드러난 게 없습니다.

반대로 여성회원들이 많은 커뮤니티에서 남성을 폄훼하는 내용의 글들이 올라왔다고 하더라도 그 글들을 실제 여성들이 썼다거나 여성들이 100% 동조했다는 내용도 명확하게 근거가 드러난 게 없습니다.

가령, 남성 커뮤니티에서 여성이 남성인척하고 여성을 폄훼하는 글을 올렸을 수도 있고, 여성 커뮤니티에서 남성이 여성인척하고 남성을 폄훼하는 글들을 올렸을 수도 있는 것이죠. 커뮤니티 가입자의 성별이, 주민등록번호가, 핸드폰 번호가, 이메일이 특정 성별이라고 주장한다고 하더라도 실제로 그 사람이 맞는지 인터넷상에서는 100% 확신할 수 없다는 의미입니다. 오히려 양성 갈등으로 확산되면서 그 중간에 이익을 보는 누군가의 음모라고 음모론을 펼치는 주장들이 개연성이 있게 보이는 글들도 있으니 말이죠.

페미니즘과 페미니스트란 무엇인가요?

이 글에서는 페미니즘에 대해 명확한 정의를 내리거나, 남성이나 여성 한쪽 편을 편들거나 동조하려는 의향이 전혀 없습니다. 다만, 기업 경영 측면에서, 트렌드의 변화 측면에서 페미니즘 현상을 관찰하고 앞으로 어떻게 변화할 것인지 추이를 예상해서 트렌드를 예측하려는 시도일 뿐입니다.

말씀드리면, 남혐이나 여혐으로 번지는 일부 주장들의 이면에는 그게 왜곡된 것이든 아니든 상관없이 다수의 군중을 따라 비즈니스가 창출되기 마련인데, 이를테면 양성평등 시대의 비즈니스인 것이죠.

예를 들어, 페미니즘 옹호론자 및 반대론자에 대한 비즈니스라고도 부를 수 있습니다. 그래서 2022년에는 페미니즘으로 인한 비즈니스 트렌드는 양성차별 또는 역차별 논쟁에서 벗어나 남성이나 여성에 대한 '존중'과 '우대'의 관점으로 지켜볼 필요가 있을 것이고, 페미니즘의 상대 개념으로 볼 수 있는 매스큘리즘(남성주의, masculism)이 어떤 식으로 변화해 나아갈 것인지에 대해 살펴보는 게 중요한 것입니다.

페미니즘이 도래하면서 상대적으로 남성주의가 고개를 드는 상황이라서 그렇습니다. 이론적으로는 페미니즘의 반대 개념이 매스큘리즘이라고 단정 지을 순 없다고 할 것이고요.

페미니즘에 연관된 주제들로는 낙태를 결정할 권리, 피임, 가정폭력, 임산부 휴가, 낙태에 대한 법적 제한의 삭제, 성희롱, 성추행, 여성차별, 가부장제, 여성에 대한 편견, 여성의 성적 대상화, 여성에 대한 억압 등이 있습니다.

한국의 페미니즘은 1980년대 무렵에 등장하였다고 보는데, 결혼제도와 정조론 비판, 결혼의 자유, 성적 자유, 연애의 자유, 가정 제도, 순결로부터의 해방 등을 주장하였습니다. 세계적으로는 18세기 무렵 근대 유럽에서 생겨난 페미니즘으로 봅니다.

그런데 페미니즘 논쟁을 유심히 살펴보면 궁극적인 결론을 발견하기 어렵다는 측면이 보입니다. 여성의 권리를 남성과 동등하게 보장하라는 게 페미니즘이라면 우선적으로 남성의 권리가 무엇인가에 대해 진지한 고찰이 있어야 하는데, 페미니즘을 주장하는 측의 주장들을 살펴봐도 남성들의 권리가 어디서부터 어디까지라는 구체적인 내용은 찾아보기 어렵기 때문입니다. 남성들의 권리를 보장하는 사회적 제도가 무엇인지 먼저 정해진다면 페미니즘에서 주장하는 요구들에 대해 구체적으로 접목시켜 나아가는 게 합리적으로 보이기 때문입니다.

가령, 남성 임금이 더 높은 것은 불합리하므로 여성 임금도 높여달라고 한다면 성별에 무관하게 오로지 경력과 능력에 따른 동등한 임금을 보장하고 동등한 업무를 부여하면 될 것이겠죠?

여성에게 낙태죄를 묻지 말라고 한다면 임신이란 남녀 공통의 행위에 의해 생기는 것이므로 만약에 죄를 묻는다면 남성에게도 죄를 물을 수 있습니다. 반대로, 낙태죄를 삭제한다면 남성이나 여성 양쪽에게 죄를 묻지 않아야 하는 게 합리적이겠죠?

그 외에도 페미니즘에서 거론하는 주제들에 대해 사회적으로 양성 모두 진지하게 대화하고 협의해서 문제점들을 개선해 나아가면 훨씬 효과적인 해결책이 도출될 것이라고 봅니다.

그런데도 불구하고, 어떤 특정한 상황이 생기거나 과거의 일들을 거론하고 끄집어내서 이건 여성 때문이다라거나 그건 남성 때문이라고 논쟁을 벌이려고만 한다면 그건 성숙한 어른의 모습이라고 하기 어렵겠죠.

실제로 어떤 논쟁에 대해 과연 남성 측 모두의 의견인지, 여성 측 모두의 의견인지도 명백하게 드러난 게 없는 상황에서는 논쟁이 거듭될수록, 정치인까지 가세하여 한쪽 편에 설수록 페미니즘은 옳은 방향을 찾지 못할 수 있다는 우려 때문입니다.

개선점을 찾아 나아가야 하는데 논쟁이 휘말려 제자리에서 서로 다투기만 한다면 발전을 도모할 수 없기 때문이죠.

그러므로 남성이나 여성 모두 서로가 '존중'을 원하는 것인지, 아니면 특정 성별에 대해 '우대'를 원하는 것인지 입장 정리하는 것도 중요하겠습니다. 허구한 날 논쟁만 벌이다 보면 국론은 분열될 것이고 남성과 여성 모두에게 이점이 될 것이라고는 생각되지 않기 때문입니다.

그래서 2021년 여름의 모 선수의 사태가 촉발할 수 있는 페미니즘 논쟁은 2022년에도 재발할 수 있는 논쟁이라고 보이는 이유이고, 2022년에 대통령 선거와 지방선거, 세 번의 국제대회가 예정된 상태에서 이러한 논쟁거리를 미리 대비하지 않으면 걷잡을 수 없는 논란으로 커질 수 있어서 기업 경영에 장애가 될 수 있기 때문입니다.

다시 말해서, 2022년 2월에 베이징 동계올림픽이 있고, 3월에 대통령 선거, 6월엔 제8회 전국 지방선거, 8월엔 중국 항저우 아시안게임, 11월엔 카타르 월드컵이 시작됩니다. 그 중간마다 월드컵 A매치가 끼어있기도 하고요. 2022년에는 두 번의 전국적인 선거와 3개의 국제 스포츠대회가 예정되어 있는 것이죠.

그렇다면 2021년의 모 선수에게 생겼던 페미니즘 논란과 같은 상황이 고스란히 2022년에도 펼쳐질 수 있는 것이고 전국적인 선거가 진행되는 상황에서 표를 의식한 정치인들의 논쟁 참여로 인해 그 어느 때보다도 혼란한 경제 상황에 맞닥뜨릴 수 있는 위험이 있다고 볼 것입니다.

그러므로 2022년에는 페미니즘이나 매스큘리즘 논쟁에 휘말리지 않는 기업 경영 방향이 중요하다고 할 것인데, 앞선 사례에서 알 수 있듯이 마케팅 자료, 포스터, 온라인 홍보 이미지, 온라인 동영상 광고, 기업 메시지 전달에 있어서 특히 주의가 필요한 한 해가 될 것입니다.

자칫하다가는 선거가 촉발하는 진영논리 다툼에, 스포츠시합이 중계되면서 벌어지는 대결 논리에 의해 어느 한쪽의 논쟁이 격화될 수 있는 소지가 다분하기 때문입니다.

Trend:

OTT(Over-The-Top media service)

ㄴ 손안에 영화관, 수익모델은 1인 방송의 혁신

2021. 7. 29.

헐리웃 배우 '스칼렛 요한슨'은 디즈니社를 상대로 소송을 제기합니다. 알려진 내용만으로는 자신이 출연한 영화 '블랙 위도우'를 일정 기간 동안은 극장에서만 상영하기로 했는데 디즈니社가 계약을 어기고 디즈니플러스 채널에서 공개했다는 이유입니다. 그런데 디즈니에서는 스칼렛 요한슨에게 추가수익도 지급했으며 계약서에는 극장에서만 개봉한다고 되어 있지 않다고 주장했습니다.

"wide theatrical release"

알려진 바에 의하면 위 문구를 예로 들 수 있는데요, 디즈니 주장으로는 "극장에 널리 개봉"이라는 의미라고 하고 스칼렛 요한슨 주장은 "극장에만 개봉"이라는 것입니다.

디즈니 주장대로라면 극장 개봉하면서 '온라인 극장' 개념인 스트리밍 상영관에 개봉한 것도 맞다는 의미이고요, 스칼렛 요한슨 주장대로라면 '극장에서만 개봉'이라는 조건이므로 스트리밍 서비스에 공개한 것은 위법이라는 것입니다.

미국 법원에서는 어떠한 판결을 내릴지 모르겠습니다만, 필자가 개인적인 의견으로 생각하기에는 'widely'라는 단어가 아니므로 '널리' 개봉이라는 주장은 다소 설득력이 약하지 않나 싶기도 합니다. 스칼렛 요한슨 주장이 더 설득력이 있다고 보여지는 것이죠.

문구 해석을 '와이드 극장 개봉'인가, 아니면 '널리 극장 개봉'인가 판단함에 따라 결론이 나올 것 같습니다.

물론, 헐리웃 배우들과 팬들은 스칼렛 요한슨의 주장이 옳다고 힘을 실어주는 상황이라고 하죠. 하지만 미국에서 스트리밍 서비스 산업에 대한 이슈가 있기에 배우의 이익이냐 또는 스트리밍 서비스를 극장으로 볼 것인가에 중요한 판단 요소가 될 수 있다고 보는 의견들도 있습니다.

그런데 OTT[7]란 무엇인가요?

극장은 오프라인, OTT는 온라인? 건물 짓고 스크린을 설치하고 출입구가 있고 상영관 앞에서 팝콘이랑 콜라같은 음식도 팔아야만 극장일까요? 아니면 집에서 누구나 자기 손 안에 스마트폰을 들고 디스플레이 화

---

7) OTT(Over The Top) 서비스, 한국인터넷진흥원 정책기획팀 배병환 주임연구원 https://www.kisa.or.kr/uploadfile/201306/201306101739593444.pdf

면으로 보더라도 극장이라고 할 수 있을까요? 극장의 개념 정리부터 필요하겠습니다.

OTT와 텔레비전, 라디오의 구분은 어떨까요?

스마트폰으로 영화를 보면 OTT이고 스마트폰으로 TV 채널을 시청하면 스마트폰이 텔레비전이 되는 걸까요?

라디오는요?

스마트폰에서 라디오 채널을 접속해서 라디오를 청취하면 스마트폰은 라디오일까요? 아니면 스마트폰일까요?

이처럼 OTT의 파급력은 모바일 이동통신 기기 또는 스마트폰을 기반으로 한 초고속 인터넷망에 의거한 n스크린이 핵심이라고 할 것입니다. 태블릿PC이건 스마트폰이건 모바일 모니터이건 간에 하나의 콘텐츠를 여러 디스플레이로 이용할 수 있다는 게 중요한 것이죠.

그런 점에서 OTT란 이 모든 동영상을 즐길 수 있는 휴대형 디스플레이 기기에 적합한 동영상 콘텐츠 서비스라고 할 수 있습니다.

그런데 앞서 스칼렛 요한슨과 디즈니의 소송 이야기에 보듯이, 앞으로 OTT의 영역은 더욱 확대될 전망입니다.

왜냐하면 이제부터는 스타보다는 콘텐츠, 콘텐츠보다는 스트리밍 서비스가 중요시되는 시장이 열리는 트렌드가 될 것이기 때문입니다.

제작사와 스타의 힘의 우위가 존재했다면 그동안은 스타의 힘이 더 셌다고 볼 것인데요, 앞으로는 스타보다는 스트리밍 서비스가 더 우위에 있을 것으로 보입니다. 그 이유는 바로 구독자 수, 즉 가입자 수에 있습니다.

예를 들어, 가입자 수가 1억 명이 있는 '스트리밍 서비스(인터넷에서 동영상 상영 서비스)'가 있다고 해보죠.

이곳에 필요한 것은 콘텐츠입니다. 어떠한 콘텐츠를 스트리밍하더라도 고정 시청율은 확보됩니다. 그래서 스타가 포함된 콘텐츠를 제작하느냐, 아니면 스타는 아니더라도 다량의 콘텐츠를 제작하느냐의 갈림길에 서게 되는데요, 스트리밍 서비스 업체 입장으로서는 스타가 출연한 콘텐츠보다는 다량의 콘텐츠를 필요로 한다는 것이죠. 물론, 스트리밍 서비스에 제공되는 콘텐츠에서도 얼마든지 스타가 탄생할 수 있는 것이고요.

다시 말해서, 그동안 영화를 극장에서만 볼 때는 팬덤을 갖춘 스타가 절대적으로 필요했습니다. 스타가 출연하는 영화라야만 팬들이 극장으로 오기 때문입니다. 스타와 팬덤이 함께 움직이는 구조였기 때문에 콘텐츠 제작사 입장에서는 스타 우선 정책을 쓸 수밖에 없었습니다. 자사 콘텐츠를 많은 사람에게 알리고 부가사업을 하려면 스타의 존재가 필수적이었습니다. 스타가 고액 출연료를 요구할 수 있던 시장이었죠.

또한, 블록버스터급 대작 영화를 제작하려면 다수 기관으로부터 투자가 절대적이었는데요, 이 경우에도 투자에 참여하려는 담당자들은 무조건 스타 캐스팅을 요구했습니다.

스타가 출연해야만 그 영화의 흥행성을 기대할 수 있었고, 그래야만 나중에 영화가 흥행이 안 되더라도 '스타가 출연했는데도 안 되더라'고 자기 책임이 아니라는 변명(?)이 가능했기 때문입니다.

말하자면, 투자사 담당자들은 그 회사의 직원일 뿐인지 영화의 흥행 성패와는 상관이 없거든요. 그래서 자가 자리 보전을 위해서라도 투자의 실패 책임에서 자유로울 수 있는, 스타 출연 작품에만 투자결정을 내릴 수가 있었던 것이죠.

그런데 시장의 판이 바뀐 것입니다.

OTT 등장으로서 그동안 스타에 의존하던 구조에서 콘텐츠 중심으로 달라진 것이죠. 스타들의 위치가 줄어드는 상황이고요 스타가 영화 제작 시 자기 주장을 요구하는 발언권이 점점 줄어드는, 힘을 낼만한 상황이 아니라는 의미입니다.

가령, OTT산업의 흥망성쇄는 초창기엔 가입자 수 확보가 중요한데요, 그 다음은 기업체 인수 합병으로 인한 세력 확장이 중요합니다.

그 다음이 작가양성과 히트작 확보가 필연적인데요, 히트작 제작이란 출연 배우, 작가, 제작진의 조합이 맞아야 하고 제작비 문제도 필수적이거든요. 최소한의 투자로 최대의 투자수익을 얻는 게 목표이니까요. 단, 가입자 수가 많다고 충성시청자가 많은 건 물론 아닙니다. 시청자는 볼만한 게 없으면 순식간에 사라지니까요.

그렇다면 OTT같은 스트리밍 서비스업체에서는 어떻게 대응해야 할까요?

일단은 콘텐츠가 많아야 합니다. 그것도 되도록 인지도가 있는 콘텐츠를 확보해야죠. 웹툰이나 웹소설, 만화, 소설, 드라마의 영화화 같은 형태의 작품제작이 많이 이뤄지는 이유입니다. 즉, OTT시장에서만큼은 스타가 중요한 건 아닙니다. 새로운 작품이 많이 나오는 게 중요할 뿐입니다. 시청자들이 항상 새로운 작품을 찾기 때문이죠.

A라는 탑스타가 출연하는 영화를 OTT에 개봉했다고 해보죠.

1년에 몇 편이나 상영할 수 있을까요?

OTT입장에서는 시청자들을 계속 서비스 내에 머무르게 해야하거든요. 그래야 부가사업도 할 수 있고 추가 투자도 가능합니다.

그런데 사람들이 영화 한 편 보고 OTT서비스에서 나가버린다면요?

아무리 대작이라고 하더라도 매일 한 번씩 보는 건 아니거든요. 한두번 보면 질립니다. 그런데 시청자들은 새로운 콘텐츠를 계속 찾죠. OTT 입장에서는 그래서 스타보다는 투자비용 대비 시청자들을 더 오래 머무르게 할 수 있는 콘텐츠 중심으로 방향을 잡을 수밖에 없는 것입니다. 과거에 시청율이 높았던 콘텐츠가 다시 제작될 수 있을 것입니다. 이왕이면 시리즈 콘텐츠가 우선이겠죠. 그래야만 그 OTT에 시청자들을 오래도록 머무르게 할 수 있거든요. 드라마가 제작되고, 시리즈 만화가 영화로 제작되는 이유일 것입니다. 스타들의 입지가 점점 줄어든다는 것의 다른 표현이지요.

국내에서도 포털 업체들이 해외 웹툰 업체를 인수하는 등, 영토 확장에 나서고 있죠? 미래의 OTT 서비스의 존재가치는 콘텐츠에 달려있다는 걸 알기 때문입니다.

한편, 스타의 영향력에 탈피하고 콘텐츠 확보전도 시들해질 무렵이 되면 OTT 트렌드는 1인 방송을 영입하게 됩니다. 유튜브, 아프리카TV나 트위치, 유스트림 등의 1인방송이 OTT 안으로 들어오게 될 수밖에 없는 것이죠.

왜냐하면 OTT 서비스가 시청자들을 계속 머무르게 해야하기 때문입니다.

스타를 배제하고 콘텐츠 제작에 투자해서 시청자들을 모았다고 해보죠. 콘텐츠도 한계가 있습니다. 웹툰 플랫폼이나 웹소설, 만화는 출시되는 모든 작품이 인기를 얻는 게 아니거든요.

인기작은 인기작대로 탄생하지만 여러 OTT업체가 경쟁할수록 판권가격만 올라가게 됩니다. 또 다시 다른 의미의 스타가 되는 거죠. 스타 배우를 배제하고 콘텐츠를 판권 확보해서 영화를 만들어 제공했는데 인기작품이 제한적이다보니 또 다시 작품이 스타가 되는, 판권료가 천정부지로 올라가는 상황이 되겠죠.

그래서 그 다음 단계로 OTT 서비스가 선택하는 길은 1인 방송인들을 투입시키는 것 외에 다른 선택지가 별로 없습니다. 스타가 한정적이고, 작가가 한정적이고, 제작진이 한정적이라서 생기는 필연적인 문제인데요, 스타+작가+제작진 문제까지 한방에 해결해주는 게 1인방송이거든요.

결과적으로 OTT서비스는 오늘날의 지상파 채널이나 종편채널, 케이블채널처럼 방송국의 형태가 될 것입니다. 그 최우선 선택지는 시청자들에게 지속적인 콘텐츠를 제공한다는 측면에서 탑스타가 출연하는 드라마 제작에 우선 투자하게 될 것이지만요. 나중엔 1인방송으로 OTT 서비스 자체가 채널화가 됩니다.

그 이유는 OTT 서비스가 수익모델이 '광고'에 치중하고 있다는 점에서도 기인합니다. 시장 초창기에는 가입자 수 확보를 위해 탑스타를 캐스팅한 영화나 드라마로 시청자를 끌어모으려고 하겠지만 장기적으로는 수익모델의 부재로 인해 다른 방향을 찾아야 된다는 의미입니다. 그래서 1인방송화된 채널 형태로 OTT서비스가 방송채널이 되어 수익모델을 확보하게 된다는 것이죠.

예를 들어, 뉴스로 보도된 바에 따르면 롯데엔터테인먼트는 드라마사업부분장으로 드라마 '추노', '날아라 개천용' 등을 만든 곽정환 PD를 영입했습니다. 손예진 주연의 '서른, 아홉'을 제작할 예정이고요. 투자배급사 '쇼박스'는 드라마 기획에 나섰습니다. NEW社에서도 드라마사업부 '스튜디오앤뉴'를 디즈니플러스와 파트너십을 맺죠. 드라마 '모범택시'를 선보인 OTT '웨이브'에서는 '이렇게 된 이상 청와대로 간다', '유 레이즈 미 업', '트레이서' 등의 드라마 라인업을 공개합니다. 티빙에서는 2023년까지 자체 콘텐츠 제작에 4천억 원을 투자하기로 밝혔다고 하죠.

한편, 극장에서 개봉 일정을 잡지 못한 영화제작사들도 OTT에 영화판권을 제안하지만 OTT 입장에서는 단발성 호재일 가능성이 크고 흥행성패 가늠이 불분명한 영화보다는 드라마 제작에 치우칠 수밖에 없다는 이유는 앞서 설명드린 바입니다.

영화사 입장에서는 영화 개봉이 어려우므로 드라마 제작을 통해 상존을 모색한다고도 말할 수 있는데요, 사실 그 내면은 OTT 서비스에서 비롯된 드라마 콘텐츠 확보전이 시작되었기 때문으로 보이는 이유입니다.

그렇다면 OTT서비스에 대한 의미있는 통계를 알아볼까요?

2021년 4월에 정보통신정책연구원(KISDI)이 발간한 '코로나, 미디어 지형을 바꾸다' 통계 리포트의 2020년 '방송매체 이용행태 조사'에 따르면 2020년 OTT 이용률은 66.3%입니다. 한해 전 2019년 52.0%에 비해 14.3%나 증가한 수치입니다.

특히 40대 이상의 연령층에서 40대와 50대는 각각 18.8%P, 27.3%P 증가했고, 60대와 70대 이상도 17.0%P, 6.9%P 늘어났습니다. OTT 시청자들이 연령에 상관없이 골고루 늘고 있음을 보여주는 통계입니다.

그리고 세계에서 OTT 시장이 가장 큰 국가는 미국인데요, 넷플릭스, 훌루, 디즈니플러스(+), HBO맥스, 애플TV, VUDU, 아마존 등도 OTT 서비스[8]를 합니다. 중국에서도 웨이라이(未來)TV 등에서 OTT 서비스를 합니다.

국내에서는 네이버 시리즈온, 티빙, 왓챠, 카카오TV, WAVVE, Seezn(시즌), 현대HCN 모바일TV, 넷플릭스, 카카오TV, 쿠팡플레이, IPTV(Btv, 올레TV, U+ TV), 종합유선방송사업자 등의 OTT 서비스가 있습니다.

---

8) OTT 서비스 확산이 콘텐츠 생산, 유통, 소비에 미친 영향에 관한 연구, Impact of OTT Service on the Content Creation, Distribution and Consumption, 김영주(한국언론진흥재단), KBS 공영미디어연구소 방송문화연구 방송문화연구 제27권 제1호, 2015.0675 - 102(28 pages)

Trend:

보복투자(Anti-Investment)

└→ 계층 간 사다리가 사라진 미래 상실에 대한 저항

보복소비는 보복투자를 부른다?

코로나19 바이러스 감염 우려로 인한 팬데믹 상황, 사회적 거리두기의 일환으로 집에만 머물던 사람들이 거리두기 완화 초지와 더불어 쇼핑에 나섰습니다. 그동안 억눌렸던 쇼핑 욕구의 표출이라는 표현으로 보복소비라고 부를 수 있습니다. 억눌렸던 쇼핑욕구를 해소하는데 보복하듯이 소비한다는 의미인 것이죠.

명품 매장엔 쇼핑을 하려는 사람들이 줄을 섰습니다.

백화점 안에는 인파로 가득 찼습니다.

미루었던 여행길도 열렸습니다. 해외여행은 아니지만 국내여행지마다 인파가 북적였습니다. 드디어 보복소비가 전개되었습니다.

그러나 보복소비란 경제적 궁핍에 이르게 됩니다.

코로나19 사태로 장기화에 따른 불경기 지속으로 가계수익이 줄어들고 채무가 늘었습니다. 가계빚은 최대치를 갱신하는 중입니다. 사람들은 언제 다시 생활에 허덕이는 상황으로 갈지 모르게 되었습니다.

그래서 쇼핑에 나섰던 소비가 차츰 줄어들고 사람들은 시선을 다시 투자로 돌리게 됩니다. 자영업이 침체되고 소비가 줄어든 상황, 사람들은 돈을 불리기 위해 투자에 나서게 됩니다. 주식시장에 들어가고 가상화폐 투자에 나섭니다. 이를 보복투자라고 부르는 것입니다.

보복소비에 의한 쇼핑욕구의 충족은 경제 여건의 회복을 위한 투자, 즉, 보복투자로 이어져 경제적 불평등을 치유하고자 하는 흐름이 생기게 됩니다. 이는 필연적입니다.

코로나 사태로 인한 재택근무와 집 안에 오래 머무는 상황이 길어질수록 부자들과 가난한 자들 사이에 빈부격차를 벌어지게 하고 아르바이트 같은 단기알바 취업시장이 위축되면서 더욱 빈궁한 상태로 내몰 수 있기 때문입니다.

각국에서는 재난지원금이 배분되지만 경제 여건이 좋았을 때보다는 위축된 경제활동으로 인해 발생한 빚, 채무상환을 해야하는 사람들은 지원금을 빚 갚는데 쓰거나 이자납부 등처럼 부채를 줄이려는데 쓸 수밖에 없어서입니다.

결국, 적은 돈으로 큰 돈을 벌고자 투자심리가 생기면서 보복투자에 나서는 경향이 생깁니다. 투자에 맹목적인 상황이 발생합니다. 더 이상 탈출구를 찾지 못하는 막다른 상황에 직면한 사람들이 늘어날수록 일확천금을 노리는 사행성 투자시장이 확대될 수 있습니다.

그나마 트렌드를 학습하려고 하고 경기상황과 경제 여건을 파악하려는 사람들은 낫습니다. 맹목적인 투자에 나서는 사람들의 수도 늘어납니다. 자신의 업무 분야에 집중하기보다는, 다른 사람들이 돈 번다는 '그것'에 대해 공부하게 됩니다. 그리고 최대로 가용한 현금성 자산을 끌어모아 투자에 나섭니다. 그래서 다시 한 번 보복투자라고 부릅니다.

우선 보복소비에 열광했던 시점의 통계를 봅니다.

2021. 3. 31. 통계청이 발표한 산업활동 동향에 따르면 2021년 2월 소비판매지수는 115.2를 기록했습니다. 코로나19 바이러스 전염병 사태 이전인 2019년 1월(113.0) 수준입니다.

한국은행에 따르면 2021년 3월 소비자심리지수(CCSI)는 100.5를 기록했습니다. 전산업 기업경기실사지수(BSI)와 소비자동향지수(CSI)를 합성한 2021년 3월 경제심리지수(ESI)는 101.3을 기록했습니다. ESI가 100을 넘겼습니다.

2018년 6월 이후 처음입니다. 2021년 3월 마지막 주 기준으로 국내 백화점 3사의 매출액은 2020년 같은 기간 대비 50% 넘게 급증했습니다.

미국 소비시장에서도 보복소비 현상이 나타났습니다.

미국 미시건대학교가 발표한 3월 소비자신뢰지수는 84.9를 기록했는데요, 76.8을 기록한 전월 대비 상승했습니다.

또한, 미국소매협회(National Retail Federation, NRF)는 2021년 6월 9일 제1회 소매업 및 소비자 현황(State of Retail and Consumer) 온라인행사에서 2021년 미국의 소매 판매는 전년대비 10.5%에서 13.5% 사이 성장한 4조4400억 달러에서 4조5600억 달러가 될 것으로 전망하였습니다. NRF의 2월 전망치 최소 6.5% 성장률보다 높은 전망 수치였습니다.

또한, 소매 판매액 중 온라인 매출은 전체 매출 중 약 25%인 1조900만 달러에서 1조1300만 달러를 기록할 것으로 예상했는데요, 전년대비 18%에서 23% 가량 증가한 수치(출처: NRF(2021.6.), CNBC, Wall Street Journal, NPD Group, Food Institute, Bloomberg, AARP, 댈러스 연준, KOTRA 달라스 무역관 자료 등 참조)였습니다[9].

---

9) 美 보복소비 증가, 2021년 소매 시장 전망은?, 2021-06-22 미국 달라스무역관 이성은, KOTRA & KOTRA 해외시장뉴스, https://news.kotra.or.kr/user/globalAllBbs/kotranews/album/2/globalBbsDataAllView.do?dataIdx=189186

그러나 2021년 하반기에 접어들면서 보복소비에 대한 기대를 사그라들고 맙니다.

2019년 말에 발생한 코로나19 사태로 인해 집에 머물게 된 사람들은 자연스레 가계재정이 흑자로 돌아섰습니다. 외출을 안 하니 지출이 줄고 지출을 안 하니 가계수지에 여유가 생긴 것이죠.

그러자 2021년 초에 코로나19 사태가 백신 출시 및 진정 기미를 보이면서 각국에서 사회적 거리두기 완화 조치에 나서자 그동안 미뤘던 소비 욕구를 동시에 발산한 것입니다.

이 시기에 매출이 급상승한 품목을 보면 집에 사용하는 내구재(가구 등) 소비가 많았고요 화장품 등과 자동차 구매도 늘었습니다. 아무래도 재택근무가 지속되면서 집안 정리에 돈을 쓴 것이라고 봅니다.

그리고 2021년 하반기에 접어들면서 각 언론에서는 소비시장발 매출 감소를 우려하는 기사를 내보냅니다. 보복소비에 나섰지만 잠깐뿐이었을 뿐이죠.

가령, 급작스레 경험한 재택근무 상황으로 인해 미처 준비하지 못했던 여러 준비사항들이 일시에 쏟아지면서 가구 구입, 화장품 구입, 집안에 사용할 커튼 등 내구재 구입으로 반짝 소비심리가 생겼던 것으로 보여집니다. 더불어 2021년 하반기부터 시작된 코로나19 전염병 재확산 우려로 인해 이제는 준비된 사람들이 재택근무에 평안하게 임하고 있는 것으로 볼 수 있습니다.

그렇다면 이제 보복소비는 사라지고 다시 근로활동에 나서는 사람들인데요, 본격적으로 코로나19 사태에 대비한다고 할 수 있는 것이죠. 재택근무 환경도 갖추고 언제 회복될지 모르는 마스크 없는 삶을 기다리기보다는 코로나19 팬데믹 상황과 더불어 생존할 여유를 갖췄다고 보는 시기입니다.

그 결과, 보복투자[10] 시장이 활성화될 수 있습니다.

재택근무는 다니는 회사에서 지원하는 것인데 회사가 일정치 않는 특수고용직 노동자들이나 서비스업에 종사하던 일용직 노동자들로서는 무기한 길어지는 코로나19 사태로 인해 생길 수 있는 생계 걱정이 가장 큽니다. 일을 하려고 해도 일할 곳이 없는 상황이죠.

재난지원금이 풀리면서 늘어난 통화량도 우려 요소 중에 하나입니다.

통화량이 많아지면 인플레이션이 생길 수 있는데요 코로나19 사태로 원부자재 가격이 급등하면 인플레이션이 급등하게 됩니다.

생활비가 빠듯한 저소득층으로선 생계유지 걱정을 넘어 생존 걱정을 해야할 처지가 될 수 있습니다. 아르바이트 자리가 사라지고 서빙할 수 잇는 가게들이 문 닫은 상황, 배달업에 뛰어드는 사람들이 증가하게 됩니다.

택배 업무와 배달 일을 하며 소득을 올려야 하는 특수고용직 노동자들

---

10) 코로나 팬데믹 상황에서 사회적 거리두기 여파로 집에 머물던 사람들이 사회적 거리두기 완화 조치 와 동시에 쇼핑에 나서는 것 대비 일정 기간 후 다시 수익활동에 나서야 하는 경제적 궁핍 상황에 따라 기대수익이 큰 투자에 나서는 활동을 일컫는 말(필자 주)

과 플랫폼노동자들이 급증하게 되죠. 결국엔 하루 벌어 하루 살아가는 상황이 생깁니다.

한 달 벌어 한 달 생활하는데 언제 끊길지 모르는 생활위기 상황이 올 수 있습니다. 일할 곳은 줄어들고 돈은 더 써야하는 상황, 사람들은 보복투자에 나서게 됩니다.

주식과 코인거래, 사행성 시장이 확산될 우려가 생깁니다.

불분명한 금융업이 판칠 수 있고요, 부족한 자금 사정에서 대출까지 동원해서 투자하는 사람들도 생깁니다. 보복투자는 코로나19 사태로 인해 발생한 사회적 거리두기와 경기침체에 따른 위기생활에 처한 사람들에게 더욱 매력적인 마지막 희망으로 다가설 수도 있습니다. 보복투자가 확산되는 시기는 저소득층 사람들에게 매우 위험한 경제 여건이라는 사실을 반증하는 것이기도 합니다.

그래서 보복투자가 횡행하는 시기가 될 우려가 있다면 우선적으로 1인 창업이 확산되어야 합니다. 가진 것 없어도 자기 기술로 창업할 수 있는 시장, 누구에게나 열린 창업 시장으로 희망을 제시하는 창업 분위기가 확산되어야 합니다.

집에서, 자기 주소지에서 창업하는 여건이 확립되어야 합니다.

컴퓨터 한 대로 창업하고, 스마트폰만으로도 일할 수 있는 아이템들이 선보여야 합니다. 오프라인 경제가 침체가 되면 온라인경제로 사람들을 안내해서 온라인 창업 아이템을 선보이는 기업들이 등장해야 합니다.

2022년은 코로나19 사태로 인한 경기침체 및 재난지원금 배분으로 인한 통화량 증가에 따른 양적 긴축 및 금리인상과 물가 인상이 우려되는 시장에서 온라인 1인 창업 시장이 열리게 됩니다.

오프라인에서는 자기 점포, 자기 집, 자기 방에서 사업하는 창업시장이 열립니다. 무자본으로 노동력을 제공해서 소득을 올리는 아이템들이 선보이게 됩니다. 보복투자란 보복소비에 이은 자기 창업을 일컫는 다른 표현일 뿐입니다. 보복투자란 노동력을 투자해서, 자기 시간을 투자해서 얻는 소득을 이야기합니다.

트렌드 예측은 일반적으로 3년 단위로 이뤄집니다. 앞서 말씀드린 바대로 2022년의 트렌드는 2019년부터 시장조사가 이뤄지고 2020년에 디자이너들이 준비해서 2021년에 관련 상품을 마련하고 2022년에 출시하는 사이클(cycle:주기)입니다. 그래서 소비자 입장에서는 매년 새로운 트렌드를 접하게 됩니다. 그 트렌드가 3년 전부터 준비된 것이란 사실은 알아채지 못하지만 말이죠.

그렇다면 트렌드 시장조사는 어떤 방식으로 이뤄질까요?

이러한 트렌드 관련 비즈니스를 영위하는 기업들이 각국마다 있는데요, 기업들에 소속된 트렌드 연구원들이 그 몫을 해냅니다. 트렌드 연구원들이 3년 후 트렌드를 알아내기 위해 연구활동을 한다는 이야기입니다. 이들은 내년 트렌드, 3년 후 트렌드, 10년 후 트렌드 식으로 미시微視 트렌드, 거시巨視 트렌드를 연구하고 보고서를 냅니다. 그 보고서를 바탕으로 관련 기업들이 트렌드 예측을 하고 트렌드가 필요한 각 기업들에게

'트렌드 보고서'를 판매하게 됩니다. 트렌드 관련 분야의 비즈니스는 대체적으로 이러한 구조로 형성되어 있습니다.

그런데 한 가지 재미있는 점은 트렌드 연구원들이 시장조사를 할 때는 정말 세세하게, '이런 것까지 본다고?'할 정도로 세상의 모든 일들을 찾아내고 자료화하려고 한다는 것입니다.

가령, 서울의 2022년 트렌드를 예측할 때는 아무리 늦어도 2019년부터는 조사활동에 참여하는데요, 이들은 길거리에 간판디자인, 간판문구, 도로 벽에 칠해진 그림들이나 색상들, 웹툰의 그림체, 사람들이 찾는 도서목록, 사람들이 가고자 하는 여행지, 번화가 한 구석에 등장한 패션, 대학가에서 처음 등장한 옷차림 등, 아트 분야에서 낯선 행동을 시도하는 사람들을 유심히 보기도 하는 등, 사람들의 일상에서 새롭거나 낯선 것들과 아주 작은 부분을 차지하는 것들을 중요시합니다. 3년 후의 미래를 예측하기 위하여 현재 시점에 등장한 미세한 변화를 찾아내려는 것이기도 합니다.

그래서 그들의 일하는 방식은 TV CF 속 움직임을 찾아내거나 홍대 길거리 지하보도에 칠해진 그림들이나 강남역 사거리에 약속장소로 떠오른 출구 앞에서 사람들이 어떤 담배를 피우는지, 어떤 기기로 소통을 하는지, 문자메시지는 어떤 문자를 사용하고 초성만 사용할 경우 어떤 의미로 사용되는 초성이 많은지, 카카오톡의 이모티콘은 어떤 게 인기 있는지, 만남 약속시간은 대강 몇시로 정하는지도 데이타화하고 자료로 축적하는 것이었습니다.

그리고 이렇게 모은 데이터들을 집대성하고 추려내어 트렌드 예측에 사용할 자료들을 고르고 이 자료들이 서로 유기적으로 연결되는 공통 분모를 찾아서 관련 이론을 적용하게 됩니다. 2019년의 일련의 현상들이 3년 후 2022년에 어떻게 변모할 것인지 이론적으로 합리성을 부여하는 과정인 것이고요, 이론 적용까지 마무리되면 다시 한 번 더 포괄적인 하나의 키워드를 선정하게 되는 절차를 거칩니다. 이 단계에서는 연구원들과 리더(지도교수?, 부서장? 트렌드 디렉터?)가 모여 회의를 통해 키워드를 선정하게 되고요, 마지막 단계로 2022년의 트렌드 키워드를 발표하게 되는 것입니다.

그러고보면 트렌드 예측에서 가장 중요한 역할은 '얼리어답터' 또는 '트렌드 파이오니어'가 담당한다고 해도 과언이 아닙니다. 남다른 변화를 처음 시도하는 사람들이 결국엔 트렌드가 될 가능성이 높은 것이니까요. 그래서 트렌드 예측이란 우리 일상에 지대한 관심을 갖고 살아가는 전문가들이 동시대를 리드하는 사람들의 행동양식을 연구하여 모든 이들을 위한 삶의 미래 방향으로 제시하는 크리에이티브한 업무영역이기도 한 것입니다.

그래서 이 책이 2022년 트렌드를 예측하면서 2022년에 부각될 사회적 변화, 이에 따른 사회 구성원별 생활 환경의 변화를 예측하고 있는 이유는 트렌드가 우리 삶 그 자체이기 때문입니다. 트렌드에 최적화된 삶은 의식주+문화 모든 면에서 각양각색의 모습으로 표출되기에 획일화되지 않으며 다양성을 갖게 되는 바, 주류에 편입도 되는 것이고 사회적 선택을 바탕으로 하는 방향성을 유지하게 되는 이유입니다.

그런데 2022년엔 대통령 선거, 지방선거, 올림픽, 아시안게임, 월드컵 등, 굵직굵직한 이벤트가 예정되어 있습니다. 특히, 5년 마다 치러지는 대통령 선거, 4년마다 치러지는 지방선거, 4년마다 치러지는 올림픽, 아시안게임, 월드컵까지, 하나의 어떤 이벤트에 참가한다는 것은 최소 4년 이상의 기다림을 전제로 한다고 해도 과언이 아닙니다. 그뿐인가요? 아니죠. 오히려 더 많은 인고의 시간이 필요할 것입니다.

가령, 예를 들어, 올림픽 국가대표 선수들은 대개 5세 정도의 나이 때부터 운동을 시작한다고 할 경우, 15년의 기다림 이후에 올림픽 무대를 밟을 수 있게 됩니다. 금메달 꿈을 꾸며 15년이 지난 후에 비로소 서게 되는 올림픽 무대인 것이죠. 대통령 선거는 어떠한가요? 오랜 시간 정치적 역경의 시간을 감내하고 이겨낸 사람만이 국민의 지지를 얻어 당선될 수 있다고 보면 대통령 선거에 후보로 나설 수 있다는 것 자체만으로도 엄청난 영광이라는 것을 짐작하게 됩니다.

게다가 거기서 우승이라면? 대통령 선거에 당선이라면?

어떤 면에서는 올림픽에서 금메달의 자리에 서는 것이나 선거에서 당선되는 것은 어느 누구만을 위한, '특별한 개인'을 위한 자리라고도 할 수 있습니다. 금메달을 따기 위하여 오랜 시간 노력해온 어느 사람, 선거에 당선되기 위하여 오랜 시간 국민들과 함께 해온 어떤 사람을 위한 '그 사람만의 자리'라는 공통점이 있기 때문입니다. 지도자가 되기 위하여 은둔의 시간을 견뎌온 사람이거나 국제 무대에서 영광의 우승을 차지하기 위하여 땀을 흘려온 사람이거나 그 개인이 감내하고 극복해야할 인고의 시간이 필수적이었다는 것을 알 수 있기 때문입니다.

그러므로 2022년은 '셀프 폴리틱스'와 '셀프 거버넌스'의 시대로서 각 기업들은 소비자 개개인을 향한 '나(myself)'를 타깃팅하여 경영전략을 세우고 실행해야 합니다. 집단의 성향보다는 개인적 특성이 존중받는 시간이고 커뮤니티의 역량보다는 개인의 발언이 부각되는 시간이기 때문입니다. 선거에 당선되는 사람의 인생역정이 드라마가 되고 올림픽에서 금메달을 획득하는 사람이 흘려온 땀이 감동을 선사하는 시간이기 때문입니다.

2022년에 기업경영은 직업별, 취향별, 연령대별 소비자그룹이나 커뮤니티를 대상으로 하는 마케팅 전략에서 진일보하여 소비자 개인을 향한 1인 마케팅에 집중하여야 하는 것입니다. 이 시대의 '1인'은 그룹을 이루는 최소 단위로서의 개인이 아니라 그룹을 대표하는 리더로서의 1인이 되기 때문입니다. 이를 한마디로 정의한 게 셀프 폴리틱스, 셀프 거버넌스의 시대인 것입니다.

한편, '트렌드'란 '바람' 같은 것이라고 말할 수 있습니다.

물줄기가 지나간 자리엔 물길이 생기지만 트렌드가 지나간 길엔 역사가 남는다고 할 수 있죠. 물줄기는 세찬 정도에 따라 주변의 모든 것을 쓸어가거나 물기라도 남기는 반면, 트렌드는 바람 같아서 트렌드가 지나간 자리일지라도 '있는 그대로'를 남기기 때문입니다.

또한, 트렌드란 역사의 바람이자 변화의 바람이라고 부를 수 있습니다. 분명히 사람들의 삶에 영향을 끼치고 사회를 변화시키지만 세상의 모습에 변화를 주는 것이지 세상의 존재 유무를 결정짓는 것은 아니기 때문입니다.

그래서 이 책 「현재-미래 트렌드 2022」가 시작하는 '바람'이 주류가 되어 우리 삶을 다양한 모습으로 변화시키면서 앞으로도 매해마다 '새로운 바람'으로 멈추지 않을 것이라고 기대합니다.

부록

참고문헌 (순서 무순): 이 책과 함께 읽으면 도움되는 문헌자료 추천목록

온라인 커뮤니케이션에서 집단극화 현상에 영향을 미치는 요인에 관한 연구 익명성 관점에서, 서응교, Received: January 08, 2015. Revised: January 28, 2015. Accepted: February 13, 2015. https://www.kci.go.kr/kciportal/ci/sereArticleSearch/ciSereArtiView.kci?sereArticleSearchBean.artiId=ART001962269

internet protocol : 인터넷에서 해당 컴퓨터의 주소 (출처: 천재학습백과 초등 소프트웨어 용어사전, 제공처 천재교육 http://www.chunjae.co.kr/, https://terms.naver.com/entry.naver?docId=3611958&cid=58598&categoryId=59316

"메타버스(metaverse)의 현황과 향후 과제", 정준화(국회입법조사처 사회문화조사실 과학방송통신팀 입법조사관, 02-6788-4715, joonhwa@assembly.go.kr), [이슈와 논점, 제1858호] 발행일 2021년 7월 28일, 발행처 국회입법조사처, 발행인 김만흠 국회입법조사처장, www.nars.go.kr

스태티스타(www.statista.com)

비재무적 성과(ESG)란 재무적인 요소에서 드러나지 않는 기업의 사회적 활동을 계량화해 기업의 계속 경영 가능성을 평가하기 위해 개발한 지표, 출처 : <시사금융용어>, 2013.12.26., 연합인포맥스, (http://news.einfomax.co.kr)

Trend Delivery X·Y·Z세대별 트렌드 편, 플레이디, playd.com, 2021. 1. 13. 출처:삼정KPMG 경제연구원, https://www.playd.com/nsm_/news/202101/2021_PlayD_Trend_Delivery_XMZ%ec%84%b8%eb%8c%80_210112.pdf

2019년 과학기술정책연구원(STEPI), '뉴스페이스 시대, 국내 우주산업 현황 진단과 정책 대응' (안형준·박현준·이혁·오승환·김은정), https://www.stepi.re.kr/site/stepiko/report/View.do?reIdx=940&pageIndex=1&cateCont=A0201&searchYear=&searchCondition=&searchKeyword=&searchSort=

제3차 우주개발진흥기본계획(과학기술정보통신부, 2018. 2. 5.(월), 거대공공연구정책과) https://www.msit.go.kr/bbs/view.do?sCode=user&mId=113&mPid=112&pageIndex=3&bbsSeqNo=94&nttSeqNo=3179906&searchOpt=ALL&searchTxt=

플랫폼이란 무엇인가(노규성, 커뮤니케이션북스, 2014년 4월 15일)

정부 "2022년 모든 특고·프리랜서 고용보험 적용" 이달 중 '특고 14개 직종' 포괄 고용보험법 개정안 입법예고 … 자영업자는 사회적 논의부터 추진, 제정남 기자, 2020.6.24., 매일노동뉴스 https://www.labortoday.co.kr/news/articleView.html?idxno=165177

브레이브걸스 '롤린', 4년 만에 역주행 음원차트 1위, 뉴시스, 2021-3-2, https://newsis.com/view/?id=NISX20210302_0001356387

'군통령' 브레이브걸스의 보은... 육군에 내의 1만벌 기부, 양승준 기자, 한국일보, 2021.06.17. https://www.hankookilbo.com/News/Read/A2021061715070004112

온라인 커뮤니티 내의 커뮤니케이션에 관한 연구: 자아성향(Self-construal)에 따른 관계중심으로 A Study of the Communications in On-line Communities: Focused on Self-construals, 한국언론정보학보 = Korean Journal of Communication & Information v.36 , 2006년, pp.423 - 462, 권상희 (성균관대학교 신문방송학과) ; 방경화 (성균관대학교 신문방송학과 대학원), https://scienceon.kisti.re.kr/srch/selectPORSrchArticle.do?cn=JAKO200605812532954&dbt=NART

초격차 넘볼 수 없는 차이를 만드는 격, 권오현 저/김상근 정리 | 쌤앤파커스 | 2018년 09월 10일

30년 전 故 구본무 회장이 뿌린 씨, '수확'의 계절이 왔다, 윤태석 기자, 한국일보, 2020.8.1. https://www.hankookilbo.com/News/Read/A2020073111010002271

"롤 '스킬트리까지 알려준다'... 요즘 고등학교서 실제로 사용중인 e스포츠 교과서", 인사이트, 2021. 7. 16. 박상우 기자, https://www.insight.co.kr/news/348850

뻔한 건 싫어! Fun한 콜라보가 뜬다, 동아일보 & donga.com, 2021-7-23, https://www.donga.com/news/Economy/article/all/20210722/108101603/1

이번엔 배틀그라운드 '삼뚝이닭'…패션 이어 식탁 넘보는 게임들, 김경진 기자, 중앙일보, 2021.5.21.https://news.joins.com/article/24063521

"먹고 마시면서 게임도 즐기고"…게임-유통업계, 이색 콜라보로 '윈-윈', 박준영 기자, 청년일보, 2021.4.4., http://www.youthdaily.co.kr/news/article.html?no=67095

'200살' 루이비통 신상 나왔다…가방 아닌 스마트폰 게임, 뉴스1, 2021-8-5, 동아일보&donga.com, https://www.donga.com/news/Inter/article/all/20210805/108394335/1

리니지2M '월드 공성전' 시작, 리니지M 누르고 매출 1위 설까, 오시영 기자, 2020.09.13, IT조선, http://it.chosun.com/site/data/html_dir/2020/09/11/2020091102382.html

사용자 혁신의 확장 : 다수 유저 참여형 콘텐츠 개발 과정 분석 온라인게임 '리니지'의 사례를 중심으로, An analysis on product development through users participation : A study on online game industry, 위정현(중앙대학교), 국제e-비즈니스학회, e-비즈니스연구, 제10권 제5호, 2009.12101 - 120(20 pages),https://www.kci.go.kr/kciportal/ci/sereArticleSearch/ciSereArtiView.kci?sereArticleSearchBean.artiId=ART001409888

기상공간의 전경과 삶의 단편들 -'리니지'를 중심으로-, Ra, Do-Sam, 라도삼 (중앙대.언론학), Published : 2000.5.15., Korean journal of communication and information (한국언론정보학보), Volume 14 / Pages.115-149 / 2000 / 1598-3757(pISSN), Korean Association For Communication And Information Studies (한국언론정보학회), https://www.koreascience.or.kr/article/JAKO200034335839180.page

"코인으로 마약 사면 안걸려" 온라인서 판치는 불법거래, 박종민 기자, 동아일보 & donga.com, 2021. 5. 7., www.donga.com/news/Society/article/all/20210507/106802119/1

비트코인에 관심 생기셨나요?...쉽게 보는 10문 10답 [코인노트], 임형준 기자, 매일경제 & mk.co.kr, 2021.5.30., www.mk.co.kr/news/economy/view/2021/05/518765/

가상자산에 진심인 김정주…NXC, 또 코인 사고 거래소 투자, 뉴시스, 2021-7-20, newsis.com/view/?id=NISX20210720_0001520053

美관광업계, 암호화폐 결제 도입 가속…"Z·알파세대 겨냥", 트라발라닷컴 "예약 70% 가상화폐로 결제", 김다솔 기자, 이데일리, 2021-08-02, https://www.edaily.co.kr/news/read?newsId=03670326629143384&mediaCodeNo=257

화성탐사 기술동향, 항공우주산업기술동향 = Current industrial and technological trends in Aerospace v.2 no.1 , 2004년, pp.114-121, 서석배(한국항공우주연구원 위성운영센터 지상수신관제그룹), 최기혁(한국항공우주연구원 위성운영센터 지상수신관제그룹) https://scienceon.kisti.re.kr/srch/selectPORSrchArticle.do?cn=JAKO200474057806437&dbt=NART

나사, '1년간 화성 생활' 체험할 참가자를 모집한다, Yonghwan Choi, 하입비스트, Aug 10, 2021,hypebeast.kr/2021/8/nasa-mars-simulation-recruiting-volunteers-one-year

여러분이 생각하는 인공지능은 무엇입니까?, AI 자유카페 <11>김경훈 정보통신정책연구원 연구위원, 한경 AI Insight, 이관우 기자, 2021.7.29., https://www.hankyung.com/it/article/202107296115i

"호주 특허법엔 '발명자'의 정의없다" AI를 발명자로 인정, 김태우 기자, 더리포트, 2021.8.10. http://www.thereport.co.kr/news/articleView.html?idxno=12997

8 비트가 1 바이트(byte) - IT문화원 강좌, http://it.ith.kr/chair/cgj/cgj0401.html

딥러닝 개념을 위한 인공지능 교육 프로그램 AI Education Programs for Deep-Learning Concepts, 정보교육학회논문지, 약어 : JKAIE, 2019, vol.23, no.6, pp. 583-

590 (8 pages), 발행기관 : 한국정보교육학회, 연구분야 : 사회과학 > 교육학 > 교과교육학 > 컴퓨터교육학, 류미영 1 , 한선관 /Han Sun Gwan 2, 1경인교육대학교, 2경인교육대학교,https://www.kci.go.kr/kciportal/ci/sereArticleSearch/ciSereArtiView.kci?sereArticleSearchBean.artiId=ART002541980

머신러닝 및 딥러닝 연구동향 분석: 토픽모델링을 중심으로, Research Trends Analysis of Machine Learning and Deep Learning: Focused on the Topic Modeling, 김창식(세종대.배화여자대학교 글로벌관광과), 김남규(국민대 경영정보학부/비즈니스IT전문대학원), 곽기영(국민대 경영대학/비즈니스IT전문대학원), 디지털산업정보학회 디지털산업정보학회논문지 디지털산업정보학회논문지 제15권 제2호, 201919-28(10pages),https://scienceon.kisti.re.kr/srch/selectPORSrchArticle.do?cn=JAKO201918961950122&dbt=NART

Inkitt의 데이터 알고리즘으로 제2의 해리포터 찾기, 김수현 기자, 소비자평가, 2021.3.10. https://www.iconsumer.or.kr/news/articleView.html?idxno=15368

인공지능 장착 '의식주 스타트업' 급증, 이용익, 우수민, 임영신 기자, 매일경제, 2021.08.08. https://www.mk.co.kr/news/it/view/2021/08/767789/

기업가정신 관점에서 바라본 선도적 기업 진단 방법론 Development of Pioneer-SME evaluation methodology in perspective onentrepreneurship, 이수환 (한양대학교 대학원 경영컨설팅학과 국내 석사), 2015, vi, 130p. https://scienceon.kisti.re.kr/srch/selectPORSrchArticle.do?cn=DIKO0013819947&dbt=DIKO

SF영화에서 유토피아 세계관 찾기, 엄지용, 바이라인네트워크, 2019년 7월 1일, https://byline.network/2019/07/01-13/

"현금 40만원 드려요" 中 틱톡의 자본주의식 진격, 송주상 조선NS 인턴기자, 2021.8.11. www.chosun.com/national/national_general/2021/08/11/2SY5TFHPPVEVRL3AYOV4MGNPTY/

[MZ리포트] '제페토에서 만나' 밀레니얼 세대의 메타버스 체험기, 김보현 기자, 비즈한국, 2021.7.28.(수), www.bizhankook.com/bk/article/22304

비대면수업에서 학습성취도에 미치는 요인에 대한 구조방정식 모형 연구, A Study on the Structural Equation Model for Factors Affecting Academic Achievement in Non-Face-to-Face Class, Journal of the convergence on culture technology : JCCT = 문화기술의 융합 v.6 no.4 , 2020년, pp.157 - 164, 서혜선 (대진대학교 휴먼IT 융합학부), https://www.kci.go.kr/kciportal/ci/sereArticleSearch/ciSereArtiView.kci?sereArticleSearchBean.artiId=ART002652853

"게임, 직접 만들래"…시장 트렌드도 구조도 모두 바꾸는 알파세대, 박지영 기자, 2021. 8. 9. https://biz.chosun.com/it-science/ict/2021/08/09/RY5MMPQ7HZHMFI7N326UER73AU/

한국에서의 부와 상속, 1970-2014 Wealth and Inheritance in Korea, 1970-2013, 김낙년(Nak Nyeon Kim), 경제사학회, 경제사학 64권0호, 연속간행물, 2017년 8월, 127-160(34pages), https://kiss.kstudy.com/thesis/thesis-view.asp?key=3544207

자동변속기의 시작과 그 진화 과정, 채영석, 글로벌오토뉴스, 2005-1-22, global-autonews.com/bbs/board.php?bo_table=bd_013&wr_id=18

최초라는 이름은 단 하나에만 존재한다. 최초의 자동차 페이턴트 모터바겐, 허관, 모토야, 2015.7.23, www.motoya.co.kr/news/articleView.html?idxno=9918

[월간로봇]자율주행자동차의 역사, 말 없는 마차가 사람 없는 자동차로, 로봇신문사, 2015.3.29. www.irobotnews.com/news/articleView.html?idxno=4621

[미국 디자인 어디까지 가봤니? 2] 1세대 미국 대표 산업 디자이너, 바이라인 : 최경원, 디자인하우스 (월간디자인 2011년 6월호), mdesign.designhouse.co.kr/article/article_view/101/56227

사물인터넷 기술의 개념, 특징 및 전망 Various Aspects of Internet of Things Technologies 전홍배(Hong Bae Jun), (주)엘지씨엔에스(구 LGCNS 엔트루정보기술연구소), 2015.4월, Entrue Journal of Information Technology, 14권 1호, pp.7-19 (총 13페이지) https://kiss.kstudy.com/thesis/thesis-view.asp?key=3316395

인공지능을 가진 로봇의 법적 취급 : 자율주행자동차 사고의 법적 인식과 책임을 중심으로 How to Treat A Robot with Artificial Intelligence, 이중기, 홍익대학교 법학연구소, 홍익법학, 홍익법학 제17권 제3호, 20161 - 27(27 pages), https://www.kci.go.kr/kciportal/ci/sereArticleSearch/ciSereArtiView.kci?sereArticleSearchBean.artiId=ART002147758

여름철 서울 도심은 산지보다 2.32도 더 뜨겁다…확연한 '열섬현상' 확인, 김향미 기자, 2021.6.2. m.khan.co.kr/view.html?art_id=202106021124001#c2b

서울 공공 IoT망 2023년 구축…연내 3구 시범서비스, 임화섭 기자, 연합뉴스, 2021-7-11, m.yna.co.kr/view/AKR20210709129000004

샤넬 루이비통 명품 모델 '싹쓸이'…연 140억 버는 미친 존재감, 김승한 기자, 매일경제, 2021.7.17. www.mk.co.kr/news/it/view/2021/07/688436/

[도청도설] 가상인간 전성시대, 정상도 수석논설위원, 국제신문, 2021-7-8, www.kookje.co.kr/news2011/asp/newsbody.asp?code=1700&key=20210709.22022002394

에스파 카리나, 걸그룹 개인 브랜드평판 1위…2위 제니·3위 브브걸 유정, 김소연 기자, 스타투데이, 2021.7.18., www.mk.co.kr/star/hot-issues/view/2021/07/689883/

인공지능과 가상의 인간, Artificial Intelligence and Virtual Humans,建築士 = Korean architects no.585 = no.585 , 2018년, pp.154 - 163, 홍승완 (인하대학교 건축학과), https://scienceon.kisti.re.kr/srch/selectPORSrchArticle.do?cn=JAKO201849951100149&dbt=NART

20~30대 젊은층 우울의 늪 '코로나 블루' 경보, 오주영 교수(강남세브란스병원 정신건강의학과), 데일리메디, 2021년 7월 18일, http://www.dailymedi.com/detail.php?number=871882

코로나19 팬데믹 상황에서 메시지는 어떻게 소통되어야 하는가? -'격리 중 자기돌봄'과 '감염확산방지를 위한 거리두기'라는 표현을 사용하자!-How Should Messages be Communicated in Covid 19 Pandemic? - Let's Us the Expressions "Self-caring during Quarantine" and "Distancing for Preventing the Spread of Infection"!, 강철(서울시립대), 한국철학회철학哲學 제143집, 2020.0587 - 109(23 pages), DOI : 10.18694/KJP.2020.5.143.87, https://www.kci.go.kr/kciportal/ci/sereArticleSearch/ciSereArtiView.kci?sereArticleSearchBean.artiId=ART002592276

보험사, 기업용 사이버보험 도입 '만지작', 박윤호 기자, 전자신문, 2020.7.9. https://m.etnews.com/20200709000105

WHO 결국 팬데믹 선언…팬데믹이란 무엇인가, 고재원 기자, 동아사이언스, 2020.3.12 www.dongascience.com/news.php?idx=35044

신종 플루(Novel swine-origin influenza A(H1N1)), 서울아산병원, www.amc.seoul.kr/asan/healthinfo/disease/diseaseDetail.do?contentId=31665

과학자들 "코로나19, 대유행 끝나도 풍토병으로 남을 것", 곽노필 기자, 한겨레신문, 2021-02-18, www.hani.co.kr/arti/science/science_general/983458.html#csidxdbc18a3bfd8c4eda905b7804dc82032

델타 변이 주도 4차 유행…전문가들, 백신 접종 강조, 송수연 기자, 청년의사, 2021.08.07. www.docdocdoc.co.kr/news/articleView.html?idxno=2013326

홈펌(HomeFirm): 집(주거지)를 사업장으로 창업한 회사, 다른 말로 '룸펌(RoomFirm)'이라 부른다. 방(사무실), 화장실, 거실(회의실), 주방(식당)을 갖춘 장소를 특징으로 하되, 아파트, 다가구, 다세대 등, 1인 가구 원룸에서도 가능한 기업 형태로서 형태와 구조에 구분두지 않는다. 주거와 기업경영을 동일한 장소와 공간에서 영위하게 되며 사업자용 공과금 세율을 적용받는다(필자 주).

코로나19에 대응하는 세분화된 사회적 거리두기 정책의 효과 분석 An Analysis of the Effects of a Segmented Social Distancing Policy in response to COVID-19, 한국시스템다이내믹스연구, 약어 : KSDR, 2021, vol.22, no.1, 통권 65호 pp. 35-57 (23 pages) DOI : 10.32588/ksds.22.1.2, 발행기관 : 한국시스템다이내믹스학회,김동규 /Kim, Dong-kyu, 정윤 /Chung Yoon, 이견직 /Lee Kyun Jick, 한림대학교, https://www.kci.go.kr/kciportal/ci/sereArticleSearch/ciSereArtiView.kci?sereArticleSearchBean.

artiId=ART002702486

코로나19 사회적 거리두기 강화에 '온라인몰 구매고객' 30.5%↑, 김태헌 기자, 아이뉴스24, 2021.8.13., http://www.inews24.com/view/1395958

'안산 숏컷'에 정치인·연예인까지 가세… 산으로 가는 '젠더 갈등', 권승준 기자, 양지호 기자, 조선일보, 2021. 8. 2. www.chosun.com/culture-life/culture_general/2021/08/02/EJ6NCJEDZFFEDIWHQ7TA3N5TWA/

젠더전쟁 시대, 페미니스트는 어떤 사람? 여가부 장관이 답했다, 맹하경 기자, 한국일보, 2021.8.9. https://www.hankookilbo.com/News/Read/A2021080604320001360

페미니즘(Feminism)과 매스큘리즘(Masculism), 김경렬 율산개발(주)/경영·지원 총괄사장, 한국아파트신문, 2020.10.6., https://www.hapt.co.kr/news/articleView.html?idxno=150566

근대 최초의 페미니즘 저작, By 레디앙, 2011년 7월 17일, http://www.redian.org/archive/37488

스칼렛 요한슨 "'블랙 위도우' OTT 공개로 손해봤다" 디즈니에 소송, 나원정 기자, 중앙일보,2021.7.30., https://news.joins.com/article/24117681

OTT(Over The Top) 서비스, 한국인터넷진흥원 정책기획팀 배병환 주임연구원, https://www.kisa.or.kr/uploadfile/201306/201306101739593444.pdf

'날아라개천용' 곽정환 PD 롯데行…드라마사업부문장[공식], 조연경 기자, 일간스포츠, 2021.2.1.https://news.joins.com/article/23983123

[부산영화 미래보고서 2] (1) 콘텐츠 산업, 지역 현실은, 남유정 기자, 조영미 기자, 부산일보, 2021-08-01, http://www.busan.com/view/section/view.php?code=20210801192817260 53

CJ ENM "콘텐츠 제작에 5년간 5조원 투자"…티빙 "2023년 국내 1위 OTT로", 김윤수 기자, 조선비즈, 2021.5.31., https://biz.chosun.com/it-science/ict/2021/05/31/7JMAKLJUUZF73JHZ5Z24FOEI5Y/

OTT 서비스 확산이 콘텐츠 생산, 유통, 소비에 미친 영향에 관한 연구, Impact of OTT Service on the Content Creation, Distribution and Consumption, 김영주(한국언론진흥재단), KBS 공영미디어연구소 방송문화연구 방송문화연구 제27권 제1호, 2015.0675 - 102(28 pages) https://www.dbpia.co.kr/Journal/articleDetail?nodeId=NODE06366055

[시사금융용어] 보복소비, 윤시윤 기자, 연합인포맥스, 2020.05.06. https://news.einfomax.co.kr/news/articleView.html?idxno=4085951

美 보복소비 증가, 2021년 소매 시장 전망은?, 2021-06-22 미국 달라스무역관 이성은, KOTRA & KOTRA 해외시장뉴스, https://news.kotra.or.kr/user/globalAllBbs/kotranews/album/2/globalBbsDataAllView.do?dataIdx=189186

코로나 팬데믹 상황에서 사회적 거리두기 여파로 집에 머물던 사람들이 사회적 거리두기 완화 조치와 동시에 쇼핑에 나서는 것 대비 일정 기간 후 다시 수익활동에 나서야 하는 경제적 궁핍 상황에 따라 기대수익이 큰 투자에 나서는 활동을 일컫는 말(필자 주)

A Study of Factors Affecting Group Polarization in Online Communication : Based on Anonymity 온라인 커뮤니케이션에서 집단극화 현상에 영향을 미치는 요인에 관한 연구: 익명성 관점에서, Suh, Eung-Kyo (Dankook University) 서응교, Received : 2015.01.08 Accepted : 2015.02.13 Published : 2015.02.28. https://www.koreascience.or.kr/article/JAKO201516863229696.view?orgId=kodisa

기업의 무형식 학습이 비재무적 성과를 매개로 재무적 성과에 미치는 영향, The Effects of Informal Learning on Financial Performance with the Mediation of Non-financial Performance in Corporate Settings. HRD연구, 약어: KJHRDQ, 2012, vol.14, no.1, pp. 1-26 (26 pages), DOI : 10.18211/kjhrdq.2012.14.1.001, UCI : G704-002103.2012.14.1.003 발행기관 : 한국인력개발학회 연구분야 : 사회과학 > 교육학, 박선민 1 , 박지혜 /Park, ji-Hye 2 1국민대학교, https://www.kci.go.kr/kciportal/ci/sereArticleSearch/ciSereArtiView.kci?sereArticleSearchBean.

artiId=ART001635789

기업의 핵심역량과 비재무적 및 재무적 경영성과간의 관계, 구정대 - 관광연구, 2009. https://www.dbpia.co.kr/Journal/articleDetail?nodeId=NODE01152850

사업단위 성과평가에서 비재무적 성과측정치의 가중치 결정요인, 이경태 , 최병현 , 이상철 - 관리회계연구, 2020. https://www.samili.com/opt/papers/thesis_view.asp?ar_id=6527296&page=1&pub_koname=%C7%D1%B1%B9%B0%FC%B8%AE%C8%B8%B0%E8%C7%D0%C8%B8

Watershed U.S. UFO report does not rule out extraterrestrial origin By Steve Gorman June 26, 2021. 1:15 PM KST, www.reuters.com/business/aerospace-defense/us-report-pentagon-documented-ufos-leaves-sightings-unexplained-2021-06-25/

플랫폼 비즈니스의 소비가치지향과 태도 및 행동의도에 대한 연구, The Study on the Consumption Value Orientation of Attitudes and Behavioral Intentions on Platform Business, 이제원(Lee Je-won), 한국고객만족경영학회, 2018, 고객만족경영연구, 20권 3호, pp.49-67(총19페이지)

온라인 커뮤니티 내의 커뮤니케이션에 관한 연구 자아성향(Self-construal)에 따른 관계 중심으로, 권상희(성균관대학교 신문방송학과 부교수), 방경화(성균관대학교 신문방송학과 대학원),『한국언론정보학보』 2006년 겨울, 통권 36호, 한국언론정보학회
https://www.kacis.or.kr/resource/bbs/temp/1203374672.98_1

가상화폐 & 비트코인 투자수업, 글 이영호, 부크크출판사, 2021. 6. 3.
점점 커지는 중고 비즈니스의 위력, 정하연, 2021.04.26., 종합시사매거진, http://www.sisanewszine.co.kr/news/articleView.html?idxno=11653

Virgin Galactic successfully completes first fully crewed spaceflight, Tania Steere, 12 July 2021,www.virgin.com/about-virgin/latest/virgin-galactic-successfully-completes-first-fully-crewed-spaceflight

[지금 당장 시작할 수 있는 작은가게 만들기], 글 작은가게연구소, 생각나눔, 2019년 2월 14일

이번엔 배틀그라운드 '삼뚝이닭'…패션 이어 식탁 넘보는 게임들, 김경진 기자, 중앙일보, 2021.5.21.https://news.joins.com/article/24063521

"먹고 마시면서 게임도 즐기고"…게임-유통업계, 이색 콜라보로 '윈-윈', 박준영 기자, 청년일보, sicros@youthdaily.co.kr, 2021.4.4., http://www.youthdaily.co.kr/news/article.html?no=67095

리니지2M '월드 공성전' 시작, 리니지M 누르고 매출 1위 설까, 오시영 기자, 2020.9.13, IT조선, http://it.chosun.com/site/data/html_dir/2020/09/11/2020091102382.html

사용자 혁신의 확장 : 다수 유저 참여형 콘텐츠 개발 과정 분석 온라인게임 '리니지'의 사례를 중심으로, An analysis on product development through users participation : A study on online game industry, 위정현(중앙대학교), 국제e-비즈니스학회, e-비즈니스연구, 제10권 제5호, 2009.12101 - 120(20 pages)

기상공간의 전경과 삶의 단편들 -'리니지'를 중심으로-, Ra, Do-Sam, 라도삼 (중앙대.언론학), Published : 2000.5.15., Korean journal of communication and information (한국언론정보학보) ,Volume 14 / Pages.115-149 / 2000 / 1598-3757(pISSN), Korean Association For Communication And Information Studies (한국언론정보학회)

돈 버는 유튜브 처음부터 제대로 만들기, 이영호, 혜지원, 2018년 5월 21일

대박나는 유튜브, 찐 구독자 늘리기, 이영호, 혜지원, 2021년 8월 9일

자동차 산업의 가상 현실, Toptal [https://www.toptal.com/virtual-reality/virtual-reality-in-the-automotive-industry

[김란(2018) 인플루언서의 패션제품평가 컨텐츠가 구매의도에 미치는 영향 : 컨텐츠 신뢰 및 관여의 조절효과를 중심으로, 국민대학교 석사학위논문], https://scienceon.kisti.re.kr/srch/selectPORSrchArticle.do?cn=DIKO0014708537&dbt=DIKO

[한국마케팅연구원, 마케팅 2017 제51권 제5호(통권 제580호), "광고인듯 광고 아닌 광고 같은 너, 인플루언서 마케팅"] https://www.dbpia.co.kr/Journal/articleDetail?nodeId=NODE07165149

"자동변속기의 시작과 그 진화 과정", 채영석, 2005-01-22, 글로벌 오토뉴스, http://global-autonews.com/bbs/board.php?bo_table=bd_013&wr_id=18

[2020 스마트도시 및 정보화 시행계획], 2020. 4., 서울특별시(스마트도시정책관) https://news.seoul.go.kr/gov/files/2012/02/5eafb680950926.47406337.pdf

IT조선, [메타버스 가보자고] ②아이돌 '덕질' 부터 명품 '플렉스' 까지, 엔터 정착한 메타버스, 박소영 기자, 2021.08.02., http://it.chosun.com/site/data/html_dir/2021/07/30/2021073002093.html

[월간로봇]자율주행자동차의 역사, "말 없는 마차가 사람 없는 자동차로", 2015.03.29., 로봇신문사, http://www.irobotnews.com/news/articleView.html?idxno=4621